示范性职业教育重点规划教材

DK-1型电空制动机检修试验

主 编 ⊙ 张棋宣　马进先　王宝泉　邱忠勇

西南交通大学出版社
·成都·

图书在版编目（CIP）数据

DK-1 型电空制动机检修试验 / 张棋宣等主编. —成都：西南交通大学出版社，2019.8
示范性职业教育重点规划教材
ISBN 978-7-5643-7022-0

Ⅰ. ①D… Ⅱ. ①张… Ⅲ. ①电力机车 – 电空制动 – 制动装置 – 设备检修 – 高等职业教育 – 教材 Ⅳ. ①U264.035

中国版本图书馆 CIP 数据核字（2019）第 165443 号

示范性职业教育重点规划教材

DK-1 Xing Diankong Zhidongji Jianxiu Shiyan

DK-1 型电空制动机检修试验

张棋宣　马进先　王宝泉　邱忠勇　主编

责任编辑	何明飞
封面设计	何东琳设计工作室
出版发行	西南交通大学出版社 （四川省成都市金牛区二环路北一段 111 号 西南交通大学创新大厦 21 楼）
邮政编码	610031
发行部电话	028-87600564　028-87600533
网址	http://www.xnjdcbs.com
印刷	成都蜀雅印务有限公司
成品尺寸	185 mm × 260 mm
印张	7
字数	172 千
版次	2019 年 8 月第 1 版
印次	2019 年 8 月第 1 次
定价	29.00 元
书号	ISBN 978-7-5643-7022-0

课件咨询电话：028-87600533
图书如有印装质量问题　本社负责退换
版权所有　盗版必究　举报电话：028-87600562

贵阳职业技术学院
教材编写委员会名单

主　任	杨彦峰	陈贵蜀			
副主任	秦祖豪	吴学玲	陈开明	张正保	代　琼
委　员	熊光奎	彭明生	宋　波	胡　然	刘裕红
	陈　健	彭再兴	李明龙	冯钰雯	倪　伟
	凌泽生	杨兴国	张书凤	王　鑫	

前　言

本书以项目化教学为特色，融合理论知识、实践技能、应用环境，把每一个教学项目的内容打造成相对独立的模块。书中模块的筛选和组织均以实际工作过程中的典型任务为载体，便于教学时模拟正式的工作环境，围绕某一工作过程，强化专业能力与专业技能的训练。

本书重点介绍了 DK-1 型电空制动机的检修试验操作步骤、试验要求、工作原理及相关注意事项。按照职业需求和岗位专业能力要求精选教材内容，以铁道机车车辆中典型的 DK-1 型电空制动机的检修试验（八步闸试验）为主线，以每一项试验所需的操作步骤，性能试验要求对教材内容进行编排，力争符合学生的认知规律。教材采用标准化的编写方法，在内容和组织形式上进行了新的尝试，为实施"做中教，做中学"的一体化教学奠定基础。另外本书还邀请企业的工程师、高级技师、技师等一线专家参与编写，使教材更贴近现场实际。

本书由贵阳职业技术学院张棋宣、马进先、王宝泉、邱忠勇担任主编，贵阳职业技术学院常务副院长倪伟对全书进行审核。编写分工如下：张棋宣编写了项目一中的任务三、任务四，项目二和项目三；马进先编写了项目一中的任务一和任务二；王宝泉编写了项目一中的任务五和任务六；邱忠勇编写了项目一中的任务七和任务八。

本书在编写过程中得到成都铁路局集团有限公司贵阳机务段检修车间阳宗英书记、龙昀工程师和该机务段职工教育科潘峰的支持与帮助，在此表示衷心感谢。

由于编者水平有限，书中难免存在不足之处，衷心希望广大读者和同仁提出批评及改进意见，以不断提高教材编写质量，更好地为铁路企业培养优秀人才。

编　者
2019 年 5 月

目 录

项目一 DK-1 型机车电空制动机检修试验 ·· 1

    任务一 紧急制动性能试验（电空位）·· 1

    任务二 均衡风缸及列车管漏泄量试验、阶段制动性能及过量减压性能试验
           （电空位）·· 15

    任务三 过充试验（电空位）·· 26

    任务四 常用全制动及制动缸泄漏量检查试验 ·· 34

    任务五 单独制动与单独缓解性能试验 ·· 40

    任务六 重联位性能试验 ·· 48

    任务七 辅助性能试验 ·· 55

    任务八 空气位试验 ·· 73

项目二 DK-1 型机车电空制动机日常试验（五步闸）·· 83

项目三 DK-1 型机车电空制动机常见故障处理 ·· 87

附 录 ·· 101

    附表 1 DK-1 型电空制动机"八步闸"试验操作步骤及方法 ····································· 101

    附表 2 "八步闸"试验步骤及观察项目 ·· 102

参考文献 ·· 104

项目一
DK-1 型机车电空制动机检修试验

任务一　紧急制动性能试验（电空位）

一、任务及要求

掌握 SS_3 型 4000 系电力机车 DK-1 型电空制动机电空位操作规程（包括操作前的准备工作和操作中应注意的事项），掌握"八步闸"中第一步闸的操作步骤、试验要求、工作原理。

时间要求：4 课时。

质量要求：符合成都铁路局集团有限公司电力机车检修质量验收的相关标准和技术规程。

安全要求：严格按照安全操作规程进行项目作业。

文明要求：自觉按照文明生产规则进行项目作业。

环保要求：按照环境保护要求进行项目作业。

理论链接 1
自动制动作用、电空制动控制器工作电源、单独制动作用

1. 自动制动作用

自动制动作用是指 DK-1 型电空制动机处于电空位，且小闸处于运转位，操纵大闸手把在各位置时的综合作用，该作用用于操纵全列车的制动、保压与缓解。

2. 电空制动控制器工作电源

DK-1 型机车电空制动机工作电源，经机车控制电源输出刀开关，再经电空制动自动开关后供给。在电空位，机车控制电源经电空制动自动开关 14ZK→导线 244→空气制动阀的微动开关 471→导线 801 有电，即电空制动控制器获得工作电源。

3. 单独制动作用

单独制动作用是指 DK-1 型机车电空制动机处于电空位，且电空制动控制器处于运转位，

操纵空气制动阀手把在各位置时的综合作用。它还包括电空制动控制器处于制动后中立位，空气制动阀手把置于缓解位或下压手把时的综合作用。该作用用于单独操纵机车的制动、保压与缓解。

4. 电空位操作前的准备

（1）控制电源屏上，电空制动自动开关扳钮均应处于闭合位。

（2）电空制动屏上，客货转换阀154在列车管定压为500 kPa时，置货车位；在列车管定压为600 kPa时，置客车位。

电空转换阀153置正常位。

开关板502上的三个钮子开关463、464、465均应扳钮朝下，处闭合位（开关463因目前尚未使用适应阶段缓解的车辆制动机，不宜朝上处补风位，而应朝下处不补风位，开关464QS、465QS则在相应的电路故障或段内另有规定时，可分别朝上处切除位）。

调整均衡风缸调压阀55，使其输出压力为列车管定压（以司机台的列车管压力表显示值为准）。

（3）机车上与制动机系统有关塞门，除无火塞门155和分配阀缓解塞门156关闭外，其余均应开通。

（4）空气制动阀上的电空转换扳键均置电空位。非操纵端（或非操纵节）电空制动控制器手把在重联位、空气制动阀手把在运转位分别取出后，置于操纵端（或操纵节）电空制动控制器、空气制动阀相应的位置中。

（5）调整空气制动阀下方单独制动调压阀53（或54），使其输出压力为300 kPa（以司机台的制动缸压力表显示值为准）。

（6）如设置制动重联装置，还应将重联转换阀93打向本机位（双节重联机车的非操纵节机车的重联转换阀应打在补机位，还应开通两节机车间的列车管、总风联管与平均管）。

完成上述各项准备工作，且风源系统工作正常，并对制动机进行规定的机能检查后，即可进行电空位操作。

5. 注意事项

（1）操纵电空制动控制器可对全列车进行制动与缓解。操作空气制动阀可对机车进行单独制动与缓解。

（2）电空制动控制器紧急制动后，若需要缓解全列车时，须在紧急位停留15 s以上才能返回运转位进行缓解。

（3）电空制动控制器手柄在过充位、运转位、中立位和制动位时，由于其他原因引起紧急制动作用，需经15 s以后，电空制动控制器手柄先置重联位或紧急位，再回运转位才能缓解列车。

二、任务分析

对DK-1型电空制动机的检查、试验，主要是用来检查它的各项作用是否正常。通过电空制动控制器、空气制动阀手柄在各工作位置间的顺序转换,同时观察压力表指针的变化情况,来分析、判断 DK-1 型电空制动机及其各部件是否处于良好状态。电空位紧急制动性能试验为检查 DK-1 型电空制动机在自动制动作用下的紧急制动性能是否符合规定要求,该试验需测定:

(1)列车管压力由定压下降至 0 的时间不大于 3 s。
(2)机车制动缸压力是否在 5 s 内升至 400 kPa,最高压力为 450 kPa。
(3)是否自动撒砂。
(4)机车具有牵引或制动级位时是否能切除主断路器。

三、电空位紧急制动性能试验步骤

(一)任务路径

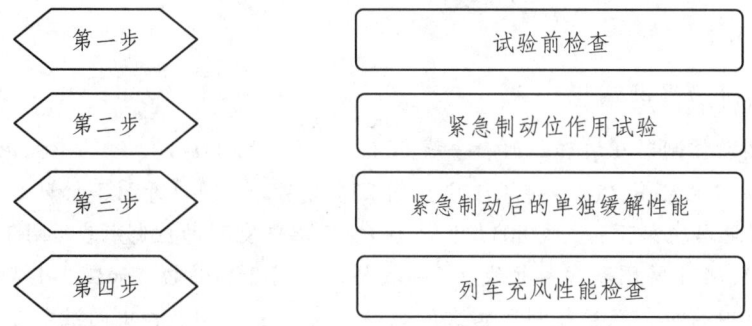

(二)任务具体步骤

步骤一:试验前检查

进行试验前应先对制动机缓解状态下各压力值进行检查。电空制动控制器(大闸)、空气制动阀(小闸)手把均置"运转位"(见图 1-1-1),检查各压力表针指示应符合下列要求(见图 1-1-2):

(1)总风缸压力:750~900 kPa。
(2)均衡风缸压力:定压(货车位:500 kPa,客车位:600 kPa)。
(3)列车管压力:定压(允许与均衡风缸压力差不大于 10 kPa)。
(4)制动缸压力:0 kPa。

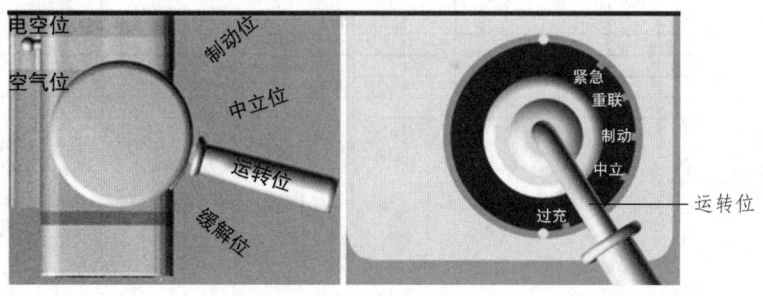

图 1-1-1　空气制动阀和电空制动控制器位置(均在运转位)

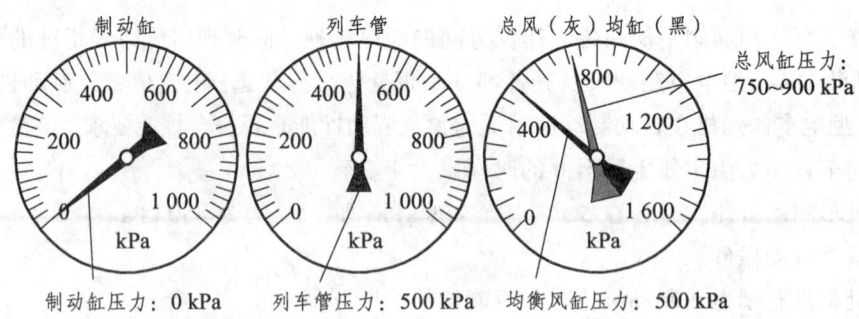

图 1-1-2　各压力指针表的压力值（运转位）

理论链接 2

自动制动作用下，电空制动控制器在运转位时的作用原理

1. 运转位时的得电路径

（1）电空制动控制器在运转位时，导线 803 得电（见图 1-1-3），经过中间继电器 452、451 常闭联锁，使缓解电空阀 258 和排风 1 电空阀 254 得电，下阀口开放，总风经 55 调压阀向均衡风缸充风。得电路径如下：导线 801（电源）→操纵端电空制动控制器（大闸 1）→导线 803→中间继电器 452、451 常闭联锁→导线 837→缓解电空阀 258 得电，如图 1-1-4 所示。

（2）导线 809 得电，经空气制动阀上的微动开关 473（474）和中间继电器 452、451 常闭联锁，使排风 1 电空阀 254 得电，开放排风口，使作用管通大气。得电路径如下：导线 801（电源）→操纵端电空制动控制器（大闸 1）→导线 809→空气制动阀上的 473（474）→导线 818→中间继电器 452、451 常闭联锁→导线 863→排风 1 电空阀 254 得电，如图 1-1-4 所示）。

（3）其余电空阀、电动放风阀和中间继电器均失电。

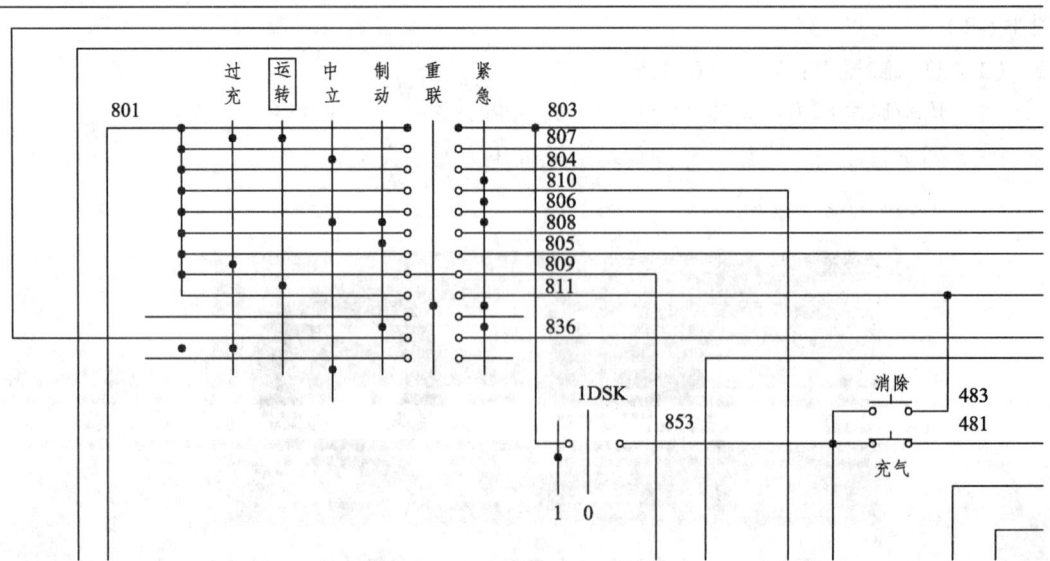

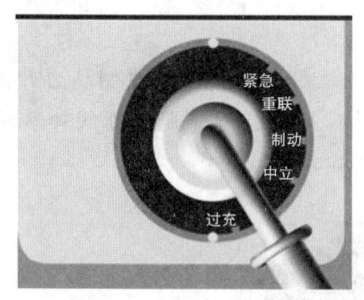 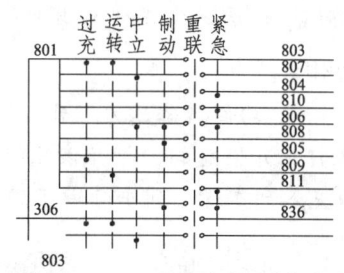

运转位：803、809线有电，若机车处于动力制动状态，836线从306线得电

图 1-1-3　电空制动控制器（大闸）运转位的得电线号

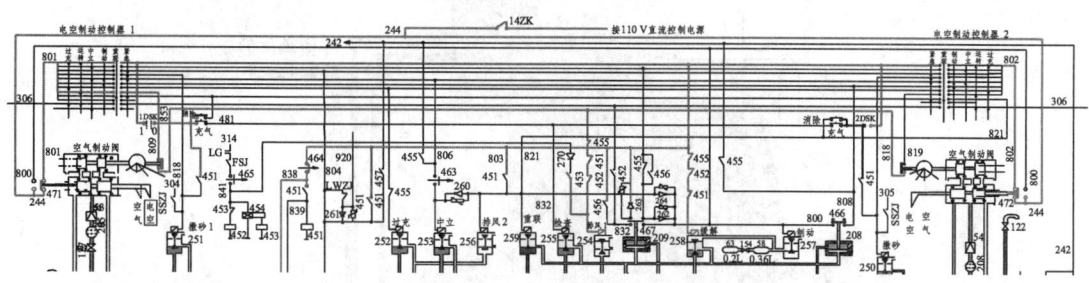

图 1-1-4　电空制动控制器运转位、空气制动阀运转位的得电路径（运转位）

2. 运转位时的气路（见图 1-1-5）

（1）总风缸管→157塞门→调压阀55（制动管定压）→止回阀203→缓解电空阀258下阀口→转换阀153→均衡风缸（压力上升至列车管定压）。

（2）作用管（包括分配阀容积室）压力空气→排风1电空阀254下阀口→大气。

（3）初制风缸压力空气排大气，即初制风缸压力空气→制动电空阀257上阀口→大气。

（4）总风遮断阀左侧压力空气排大气，即总风遮断阀左侧压力空气→中立电空阀253上阀口→大气。

（5）其余电空阀气路被切断。

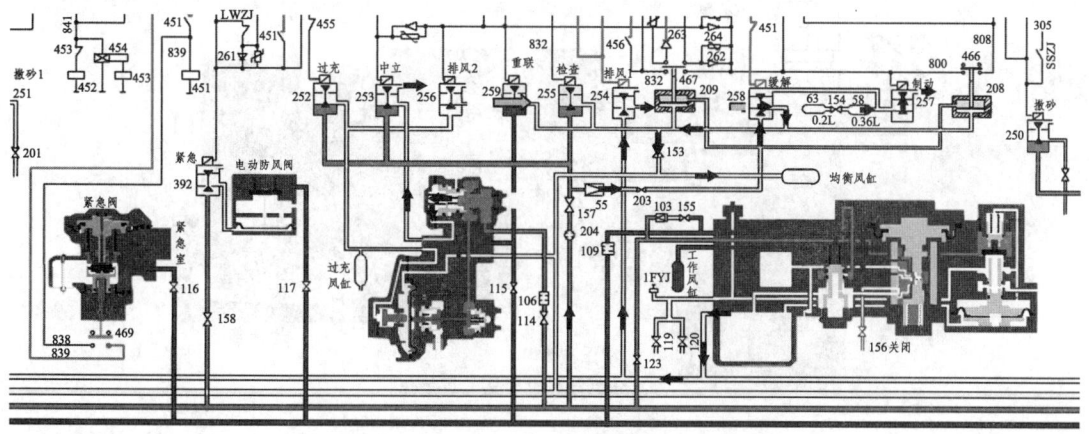

图 1-1-5　运转位气路

3. 运转位时的主要阀类部件作用

（1）中继阀作用。

如图 1-1-6 所示，均衡风缸压力上升，处于充风缓解位，主活塞左侧压力升高，推动活塞右移，带动活塞杆顶开供气阀，打开供气阀口，总风压力空气克服遮断阀弹簧反力，顶开遮断阀，供气阀口充入列车管。列车管增压，车辆缓解。

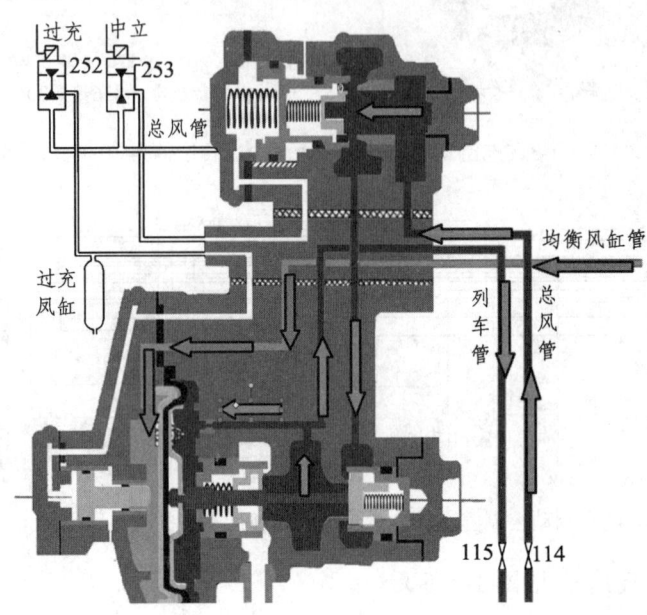

图 1-1-6 中继阀列车管充气缓解位

（2）分配阀作用。

如图 1-1-7 所示，由于列车管增压，分配阀处于充风缓解位，主活塞上部压力增高，推动活塞下移，带动滑阀开放列车管向工作风缸的充风通路，使工作风缸充风直至与列车管压力相等。

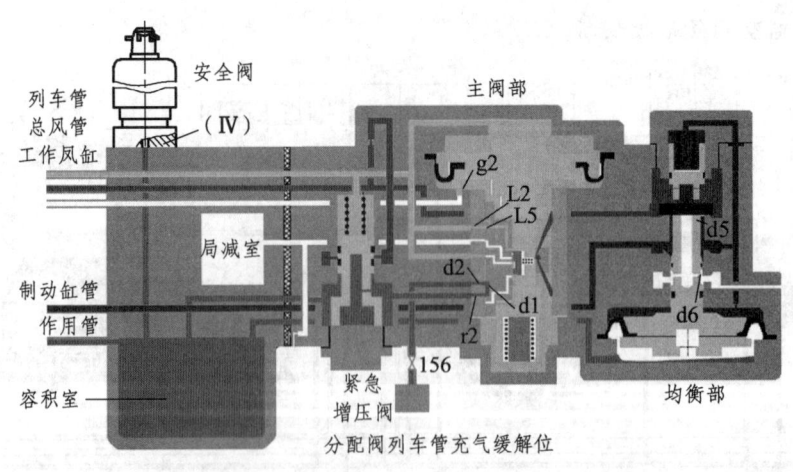

图 1-1-7 分配阀列车管充气缓解位

由于排风1电空阀得电开放排风口，使得分配阀容积室的压力空气经作用管、排风1电空阀排大气，容积室压力降低，分配阀均衡活塞下侧压力降低，活塞下移，活塞杆离开均衡阀，开放中心孔，制动缸的压力空气经开放的活塞杆中心孔排大气，机车缓解。

（3）紧急阀。

如图1-1-8所示，此时的紧急阀处于缓解状态，列车管向紧急室充风，电空制动控制器手把移至运转位时会随列车管的缓慢减压而恢复定压。

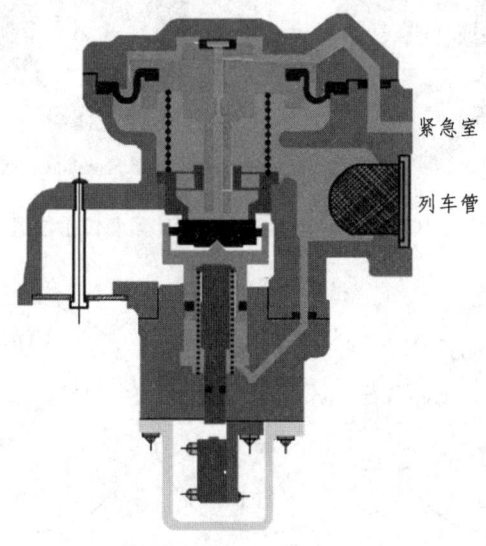

图1-1-8　紧急阀列车管充气缓解位

（4）压力开关。

如图1-1-9所示，压力开关208、209的膜板带动芯杆上移，导线807和827连通，导线822和800切断，导线808和800切断。

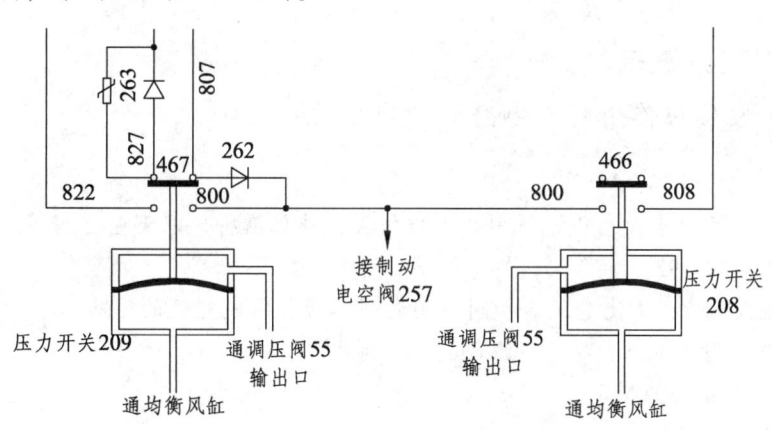

图1-1-9　压力开关列车管充气缓解位

步骤二：紧急制动位作用试验

试验目的：测定紧急位作用是否正常。

操作步骤：将电空制动控制器手把由"运转位"移至"紧急位"（见图1-1-10），空气制动阀手把仍置"运转位"。

DK-1 型电空控制制动机检修试验

试验要求：观察列车管由定压降至 0 的时间是否在 3 s 内；观察制动缸压力上升，且压力上升到 400 kPa 的时间是否为 5 s 内（见图 1-1-11）；听是否有自动撒砂声；在有级位时，观察主断路器是否断开。

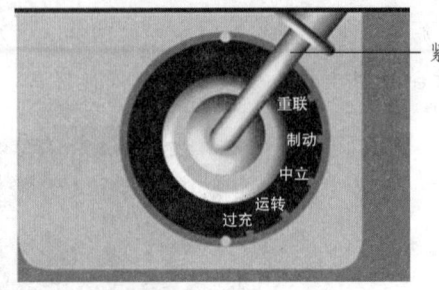

图 1-1-10 小闸（运转位）大闸（紧急位）位置

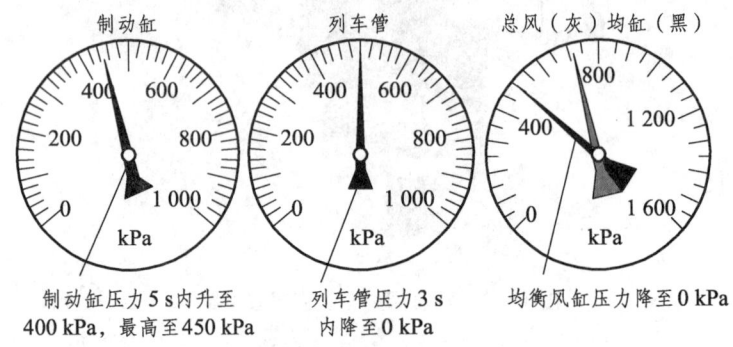

制动缸压力 5 s 内升至 400 kPa，最高至 450 kPa　　列车管压力 3 s 内降至 0 kPa　　均衡风缸压力降至 0 kPa

图 1-1-11 各压力指针表的压力值（紧急位）

 理论链接 3
紧急位作用时的电空阀得电情况

该位置是列车运行中紧急停车所用的工作位置，该位置将使以下电空阀得电：
（1）紧急电空阀 392。
（2）中立电空阀 253（使总风遮断阀关闭向列车管补风或充风的通路）。
（3）撒砂电空阀 251YV。
（4）重联电控阀 259YV。
（5）排风 2 电空阀。
（6）制动电空阀。

项目一　DK-1型机车电空制动机检修试验

理论链接4
电空制动控制器在紧急位的作用原理

1. 紧急位时的得电路径（见图1-1-12）

（1）导线801（电源）→大闸1→导线804→电动放风阀94上紧急电空阀392得电。

（2）导线801（电源）→大闸1→导线806→钮子开关463→导线835→中立电空阀253得电。

（3）导线801→大闸1→导线810→-撒砂电空阀251YV得电。

（4）导线801（电源）→大闸1→导线811→大闸2→导线821→

→重联电空阀259得电。

→排2电空阀256得电。

→二极管260→导线835中立电空阀253得电。

→二极管264→导线800→制动电空阀257得电。

其余电空阀及中间继电器均失电。

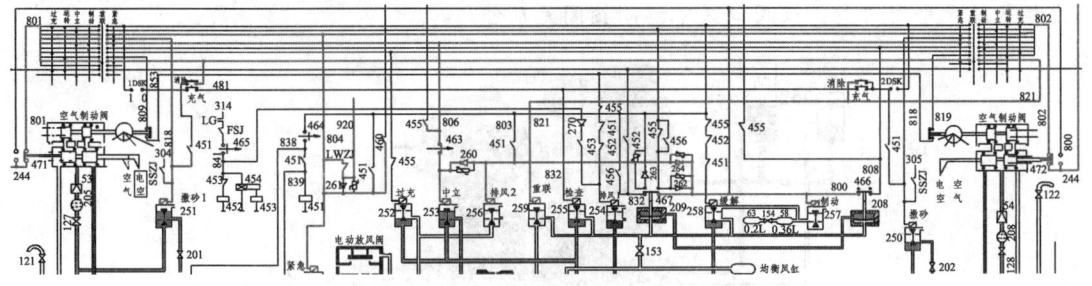

图1-1-12　得电路径（紧急位）

2. 紧急位时的气路（见图1-1-13）

（1）均衡风缸→转换阀153→重联电空阀259下阀口→列车管（随列车管排入大气）。

（2）总风→塞门158→紧急电空阀392→电动放风阀膜板下方。电动放风阀夹心阀打开，列车管压力气体通过夹心阀排向大气。

（3）总风→塞门157→中立电空阀253（253YV）下阀口→总风遮断阀左侧。总风遮断阀关闭总风向列车管充气的通路。

（4）过充风缸→排2电空阀256下（上）阀口→大气，过充风缸过充压力气体排向大气。

（5）均衡风缸→转换阀153→缓解电空阀258（258YV）上阀口→初制风缸。

（6）其余电空阀气路均被切断。

DK-1型电空控制动机检修试验

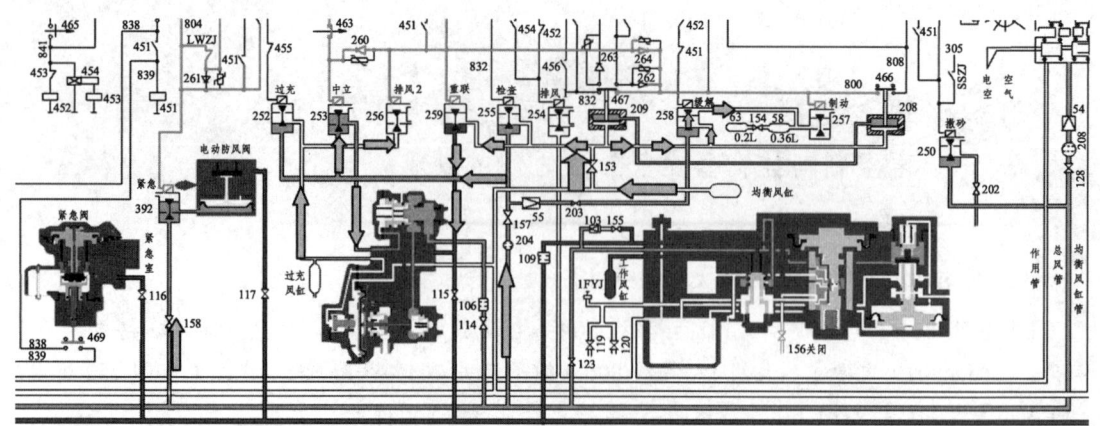

图 1-1-13　紧急位开通的气路

3. 紧急位时主要阀类部件的作用

（1）中继阀作用。

如图 1-1-14 所示，由于总风压力空气充至总风遮断阀左侧，遮断阀阀口迅速关闭，总风遮断阀呈关闭状态，列车管的风源被切断。同时由于重联电空阀已将中继阀主活塞两侧的均衡风缸、列车管沟通，而且过充风缸及过充柱塞左侧压力空气排入大气，理论上主活塞两侧压力相等处于平衡状态，双阀口式中继阀锁闭无动作。

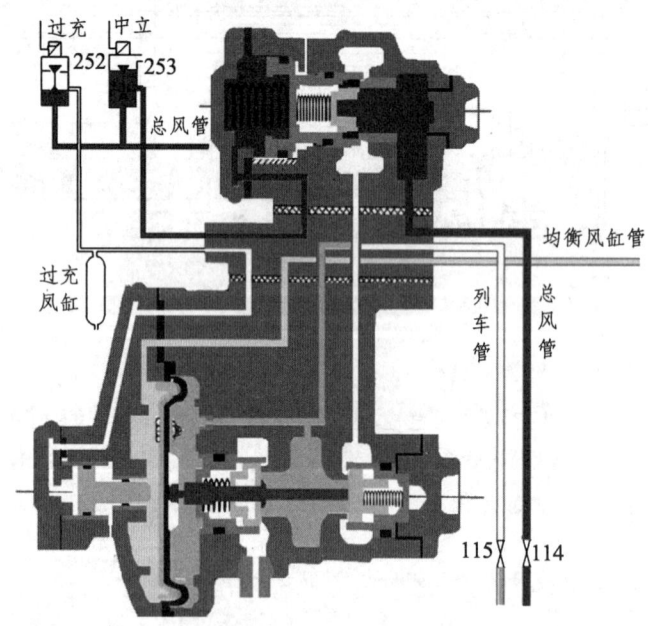

图 1-1-14　中继阀紧急制动位

（2）分配阀。

如图 1-1-15 所示，由于列车管压力急速下降，分配阀主阀部快速到达常用制动位，工作风缸迅速向容积室充气，容积室压力上升。同时增压阀下部容积室压力将超过上部增压弹簧反力，增压阀上移开放总风与容积室的通路，容积室压力继续上升，直至分配阀安全阀动作，容积室压力保持在 450 kPa。

由于均衡部的均衡活塞下侧容积室压力迅速上升到 450 kPa，活塞将上移，其顶面接触均衡阀并顶开均衡阀。总风进入制动缸，制动缸压力也将迅速上升到 450 kPa，机车产生紧急制动用。

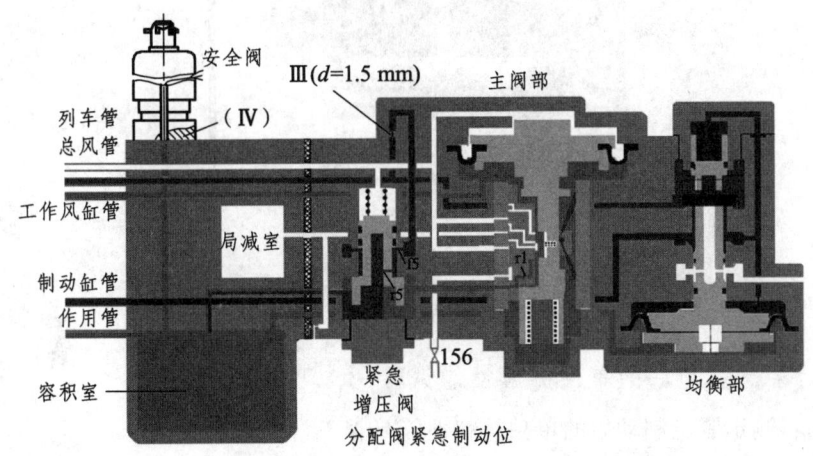

图 1-1-15　分配阀紧急制动位

（3）紧急阀。

如图 1-1-16 所示，由于列车管压力急剧下降，紧急室压力来不及通过缩孔 I 逆流到列车管，紧急活塞失去平衡而下移并压下夹心阀，开放列车管排风阀口，进一步加速列车管的排风。同时带动下部电联锁改变电路。

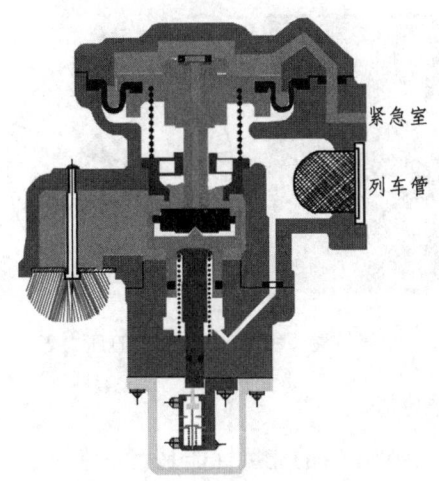

图 1-1-16　紧急阀紧急制动位

（4）电动放风阀。

如图 1-1-17 所示，由于电动放风阀膜板下方已充入总风压力空气，膜板将上凸，并带动顶杆顶开夹心阀，开通列车管通大气的通路，列车管压力空气快速排至 0。

DK-1 型电空控制制动机检修试验

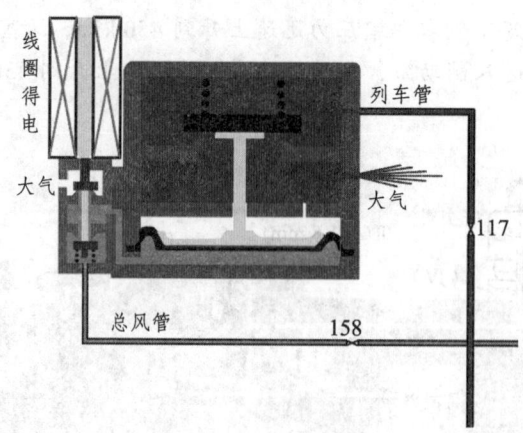

图 1-1-17　电动放风阀紧急制动状态（392 得电）

步骤三：紧急制动后的单独缓解性能试验

试验目的：测定紧急制动后的单独缓解性能是否正常。

操作步骤：（1）将空气制动阀手柄移至"缓解位"并下压手柄（见图 1-1-18）。

（2）待制动缸压力降至零后，再将空气制动阀手柄移至"运转位"。

试验要求：（1）将空气制动阀手柄移至"缓解位"时制动缸压力下降并能到 0，并且在下压手把时制动缸压力不得回升（见图 1-1-18）。

（2）待制动缸压力降至 0 后，再将空气制动阀手柄移至"运转位"时制动缸压力应即刻下降，并能缓解至 0。

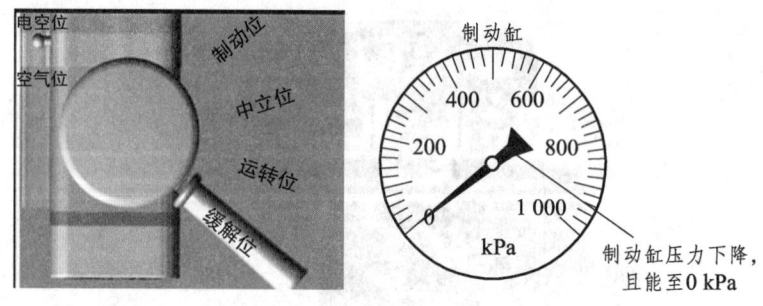

图 1-1-18　小闸位置（缓解位）、制动缸压力表的压力值

步骤四：列车充风性能检查

试验目的：测定紧急制动后列车管的充风性能是否正常。

操作步骤：将电空制动控制器手柄置于"运转位"（见图 1-1-19）。

试验要求：列车管充风速度应符合表 1-1-1 的规定。

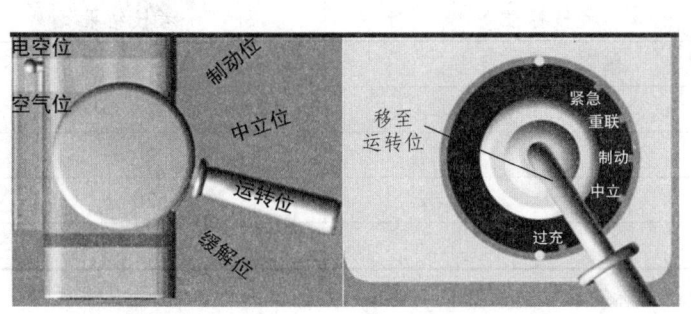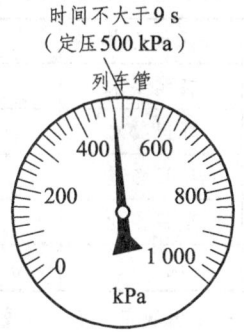

图 1-1-19　小闸（运转位）大闸（运转位）位置

表 1-1-1　列车管充风速度

列车管定压 500 kPa	列车管定压 600 kPa
列车管压力由 0 升至 480 kPa 的时间不大于 9 s。	列车管压力由 0 升至 480 kPa 的时间不大于 11 s。

四、项目实施

1. 劳动组织形式

每 5~6 名学生组成一个工作小组，各小组制订出实施方案及工作计划，组长协助教师参与指导本组学生学习，检查项目实施进程和质量，制订改进措施，共同完成项目任务。

2. 工具材料准备

（1）作业工具：电空制动控制器钥匙、手电筒。

（2）使用设备：DK-1 型制动机试验台。

3. 作业要求

（1）正确着装，穿戴好劳动防护用品。

（2）按照试验步骤完成试验，并注意观察各部件动作值是否符合试验要求。

（3）注意自身安全及他人安全，严禁违章作业。

（4）做好故障记录。

4. 项目评价

按时间、质量、安全、文明、环保要求进行考核。学生按照表 1-1-2 进行项目考核评分，先自评，然后在自评的基础上，由本组的同学互评，最后由教师进行总结评分。

表 1-1-2　项目考核评价表

序号	项目要求	考核标准	考核结果
1	时间要求	不超过规定时间	（1）有一项不符合要求为不合格； （2）合格成绩为 60 分
2	质量要求	试验质量符合标准	
3	安全要求	符合安全操作规程	

续表

序号	项目要求	考核标准	考核结果
4	文明要求	做到文明生产	（1）有一项不符合要求为不合格；
5	环保要求	试验过程符合环保要求	（2）合格成绩为 60 分
6	项目拓展		20 分
7	项目作业		20 分
8	成　绩		

注：如出现重大安全、文明、环保事故，则本项目（单元）考核记为不合格。

五、任务作业

查阅资料，比较 DK-1 型与 CCB-Ⅱ型系统组成部分的异同。

任务二 均衡风缸及列车管漏泄量试验、阶段制动性能及过量减压性能试验（电空位）

一、任务及要求

掌握 SS_3 型 4000 系电力机车 DK-1 型电空制动机电空位"八步闸"中第二步闸的操作步骤、试验要求、工作原理。

时间要求：4 课时。

质量要求：符合成都铁路局集团有限公司电力机车检修质量验收的相关标准和技术规程。

安全要求：严格按照安全操作规程进行项目作业。

文明要求：自觉按照文明生产规则进行项目作业。

环保要求：按照环境保护要求进行项目作业。

二、任务分析

本项目为试验自动制动作用下的制动位、中立位、运转位联合作用，测定：

（1）均衡风缸漏泄量和制动管漏泄量是否正常。

（2）阶段制动性能及最大有效减压量是否正常。

（3）过量减压量是否正常

三、均衡风缸及列车管漏泄量试验、阶段制动性能及过量减压性能试验步骤

（一）任务路径

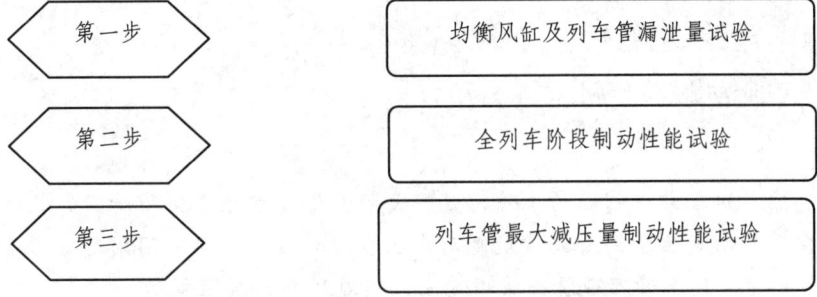

DK-1 型电空控制制动机检修试验

（二）任务具体步骤

步骤一：均衡风缸及列车管漏泄量试验

试验目的：测定均衡风缸漏泄量及列车管漏泄量是否正常。

操作步骤：电空制动控制器（大闸）手把由"运转位"移至"制动位"（见图 1-2-1），列车管减压 40~60 kPa 后再由"制动位"移至"中立位"，期间空气制动阀（小闸）手把始终置于"运转位"。

试验要求：列车管减压 40~60 kPa 后置于"中立位"，并保持 1 min，查看均衡风缸漏泄量是否每分钟不大于 5 kPa，列车漏泄量是否每分钟不大于 10 kPa（见图 1-2-2）。

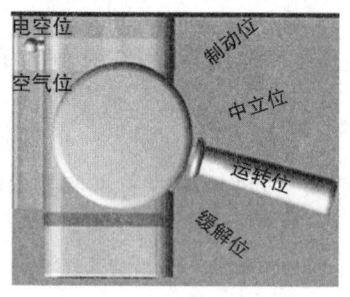 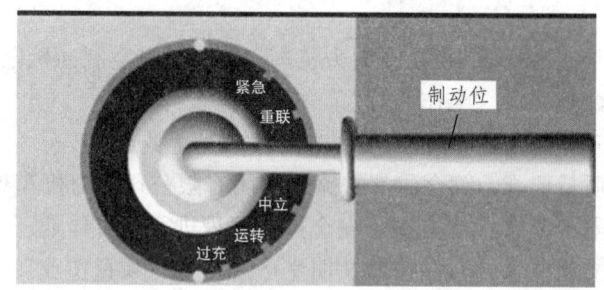

图 1-2-1 小闸（运转位）大闸（制动位）位置

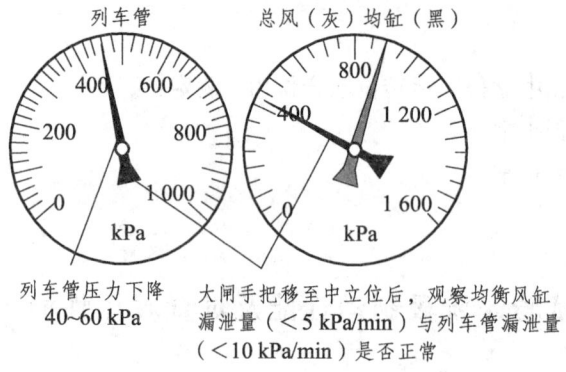 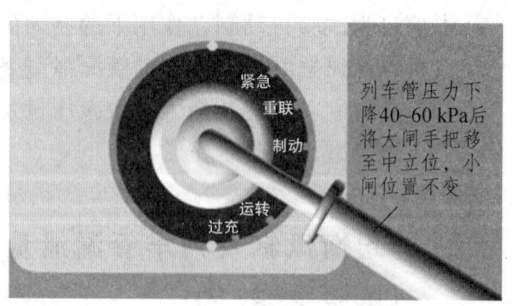

图 1-2-2 大闸手把移至中立位时均衡风缸、列车管漏泄量

 理论链接 1
自动制动作用下，制动位的作用

制动位是操纵列车常用制动的工作位置。大闸手把在该位置停留时间的长短，控制着列车管从最小常用制动减压量到最大常用制动减压量间的各种不同常用制动减压量。它与大闸中立位联合使用可使列车管实现阶段常用减压，实现列车的常用制动。

理论链接 2
电空制动控制器在制动位的作用原理

1. 制动位时的得电路径（见图 1-2-3）

（1）大闸在制动位时，806 线有电，经钮子开关 463，使中立电空阀 253 得电。

导线 801（电源）→大闸 1（1AC）→导线 806→钮子开关 463（463QS）→导线 835→中立电空阀 253（253YV）得电。

（2）导线 801（电源）→大闸 1（1AC）→导线 808→压力开关 208 上的微动开关 466（均衡风缸减压量超过 200 kPa（定压 500 kPa 时，压力开关 208 动作）→导线 800→制动电空阀 257（257YV）得电。

制动位停留时间的长短，决定了均衡风缸减压量的大小。制动位时，制动电空阀 257 失电，上阀口打开，均衡风缸压力气体排向大气，均衡风缸减压。由于均衡风缸的减压，使双阀口式中继阀均衡风缸侧压力减小，均衡活塞向均衡风缸侧移动，打开列车管经中继阀向大气的排气口，列车管排气减压。当列车管减压量达到压力开关的动作值（即列车管最大减压量）时，微动开关 466 接通 800 与 808 线，制动电空阀 257 得电，上阀口关闭，均衡风缸减压停止。

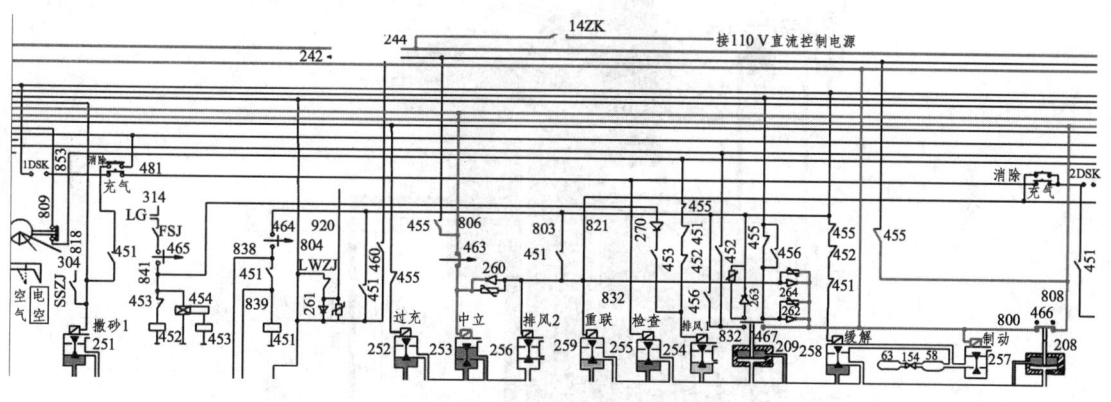

图 1-2-3　制动位时得电路径

2. 制动位时的气路（见图 1-2-4）

（1）均衡风缸的压力空气→转换阀 153→缓解电空阀 258 上阀口→阀座缩孔→制动电空阀 257 上阀口→大气。

（2）均衡风缸的压力空气→转换阀 153→缓解电空阀 258 上阀口→管接头缩孔→初制风缸。保证制动机可靠动作的最小快速减压量为 45～55 kPa。

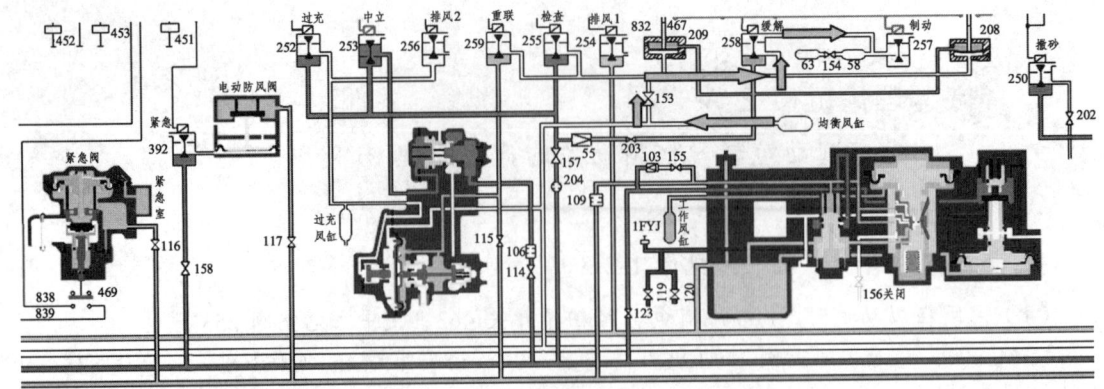

图 1-2-4 制动位的气路

3. 主要阀类部件作用

（1）中继阀作用。

如图 1-2-5 所示，总风经中立电空阀的下阀口进入总风遮断阀左侧，遮断阀在其左侧的总风压力及弹簧力的作用下右移，关闭遮断阀口，切断了到双阀口式中继阀的总风源，也切断了总风经遮断阀向列车管充风的通路，列车管就得不到充风或补风。

由于均衡风缸压力降低，双阀口式中继阀主活塞左侧均衡风缸压力降低，主活塞失去平衡左移，开启排风阀，列车管压力空气经排风阀口排向大气，列车管压力下降。

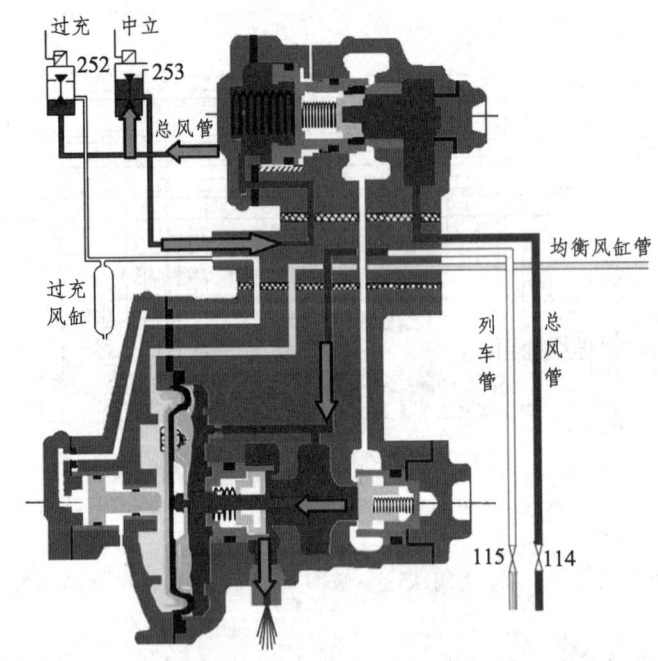

图 1-2-5 中继阀列车管减压制动位

（2）分配阀作用。

如图 1-2-6 所示，由于列车管压力下降，分配阀主阀部处于常用制动位。主阀部主活塞向上移动，先是关闭作风缸充风通路，同时开通了局减通路，列车管压力空气进入局减室，并经主阀安装面缩孔排入大气。接着切除局减通路，开通了工作风缸向容积室充风通路。

由于均衡部均衡活塞下侧容积室压力上升,活塞上移,其活塞接触均衡阀并顶开均衡阀,总风经开放的均衡阀口进入制动缸,制动缸压力上升,机车产生制动作用。

由于紧急增压阀上部增压弹簧和列车管压力仍大于下部容积室压力,增压阀仍处于关闭位。

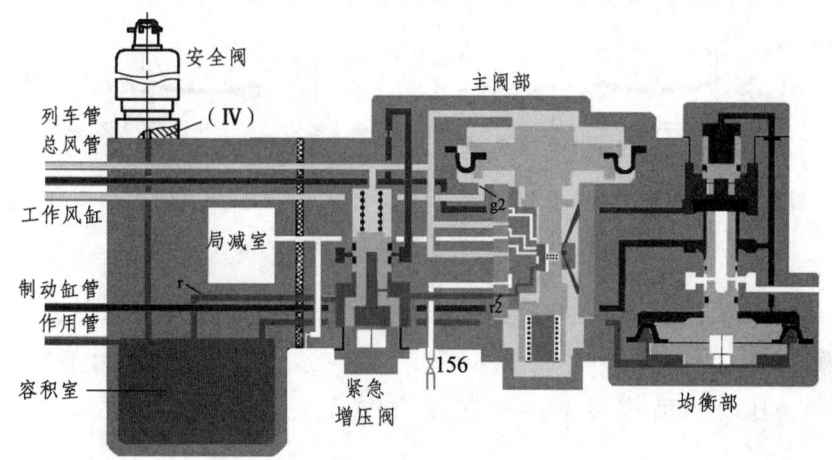

图 1-2-6　分配阀列车管减压制动位

（3）紧急阀。

如图 1-2-7 所示,由于列车管按常用制动速率下降,紧急室压力经缩孔Ⅰ与列车管压力同步下降,紧急活塞悬在中间,紧急阀处于常用制动位。夹心阀在下部弹簧作用下,仍关闭排风阀口。

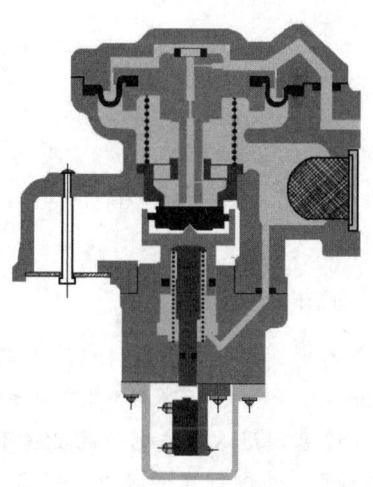

图 1-2-7　紧急阀列车管减压制动位

（4）压力开关。

如图 1-2-8 所示,由于均衡风缸压力下降,压力开关 209 膜板将带动芯杆下移离开开关,导线 807 与 827 断开,导线 822 与 800 连通。当均衡风缸压力继续下降,达到最大减压量时,压力开关 208 膜板也将带动芯杆下移,接通 808 与 800 导线。

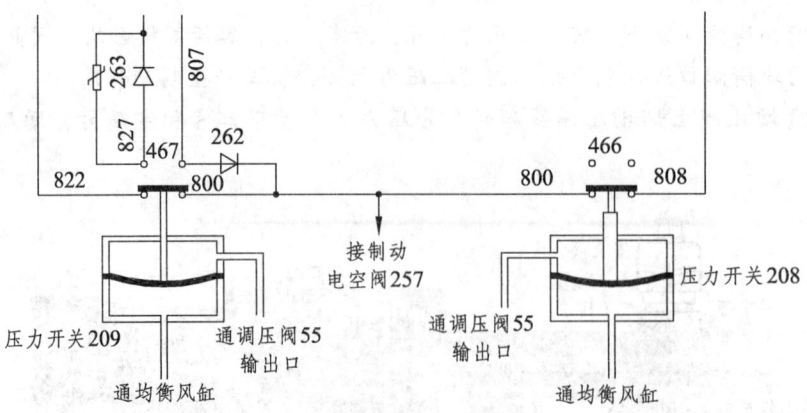

图 1-2-8　压力开关列车减压制动位

理论链接 3
自动制动作用下，中立位的作用

中立位是操纵列车常用制动前的准备和常用制动后的保压的工作位置。根据作用不同可为制动前中立位和制动后中立位。

由压力开关 209 控制 807 与 827，800 与 822 线是否接通。制动前，均衡风缸未减压，压力开关 209 芯杆使 807 线与 827 线接通，使缓解电空阀 258 得电；制动后，减压量至少为最小减压量，大于压力开关 209 的作用力值，压力开关芯杆下移接通 800 线与 822 线，使制动电空阀 257 得电。

理论链接 4
电空制动控制器在中立位的作用原理

1. 中立位时的得电路径（见图 1-2-9）

（1）大闸在中立位时，806 线有电，经钮子开关 463，使中立电空阀 253 得电。导线 801（电源）→大闸 1（1AC）→导线 806→钮子开关 463（463QS）→导线 835→中立空阀 253（253YV）得电，总风经 204 分水滤气器，157 塞门进入中立电控阀 253 下阀口后进入总风遮断阀左侧，克服总风遮断阀弹簧关断总风遮断阀，中断列车管经中继阀充气的通路。

（2）若为制动前的中立位，因均衡风缸还未减压，压力开关 209 将开通另一条电路，即导线 807→压力开关 209 上的微动开关 467→导线 827→二极管 263→导线 803→缓解电空阀 258（258YV）得电。

若为制动后的中立位，均衡风缸压力下降使压力开关 209 芯杆下移接通 800 线与 822 线，导线 801（电源）→大闸 1→导线 807→二极管 262→导线 800→制动电空阀 257（257YV）得电。制动电控阀上阀口关闭，均衡风缸排大气通路关断，处于保压状态。

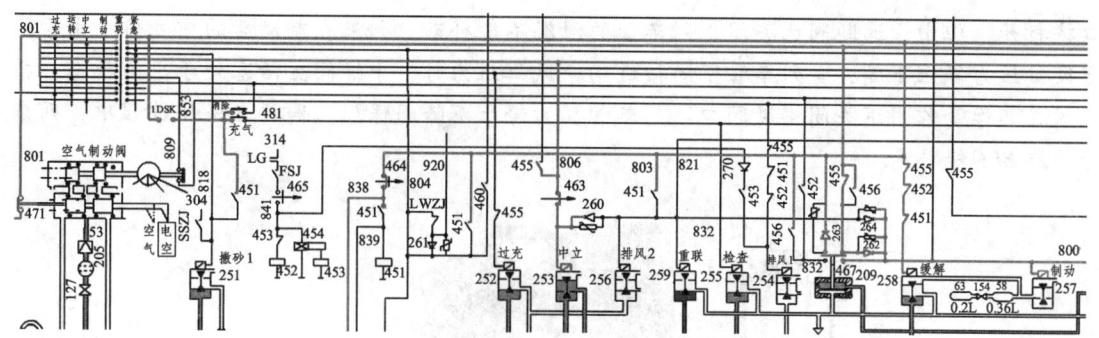

图 1-2-9　中立位时的得电路径

2. 中立位时的气路（见图 1-2-10）

（1）总风→塞门 157→中立电空阀 253（253YV）下阀口→中继阀总风遮断阀左侧。

（2）制动前中立位：总风→塞门 157→调压阀 55→止回阀 203（109）→缓解电空阀 258（258YV）下阀口→转换阀 153→均衡风缸。均衡风缸充风通路仍然存在，均衡风缸压力不变。

（3）制动后中立位：均衡风缸→缓解电空阀 258（258YV）上阀口→初制风缸。

由于制动电空阀 257（257YV）得电关闭了均衡风缸排大气口，均衡风缸不再减压而保压。如为 SS_{4G} 型机车，则还有过充风缸→排 2 电空阀 256YV 上阀口→大气。

（4）其他电空阀气路均被切断。

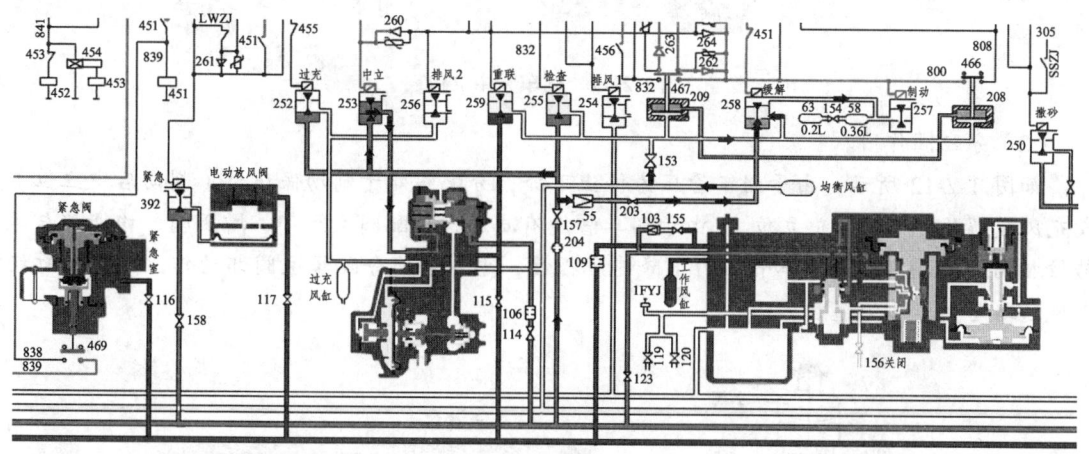

图 1-2-10　中立位气路

3. 中立位时主要阀类部件的作用

（1）总风遮断阀、中继阀作用。

由于总风压力空气充至总风遮断阀左侧，遮断阀口迅速关闭，总风遮断阀呈关闭状态，切断了列车管的风源。

如图 1-2-11 所示，由于中立电空阀 253 得电，总风遮断阀口被打开，关断了总风管经中继阀向列车管充气的通路。如果在制动前的中立位，由于均衡风缸压力没有下降，中继阀主活塞两侧压力平衡，列车管保压。在保压过程中，列车管压力由于泄漏而下降，尽管供风阀口将打开，但由于遮断阀已关闭，列车管的泄漏不能补充。如果在制动后的中立位，由于均衡风缸压力停止下降，当列车管下降接近均衡风缸压力时，中继阀主活塞处于平衡状态，排风阀在其弹簧作用下关闭排风阀口，列车管压力停止下降而保压。同样在保压过程中，列车管的泄漏不能补充。

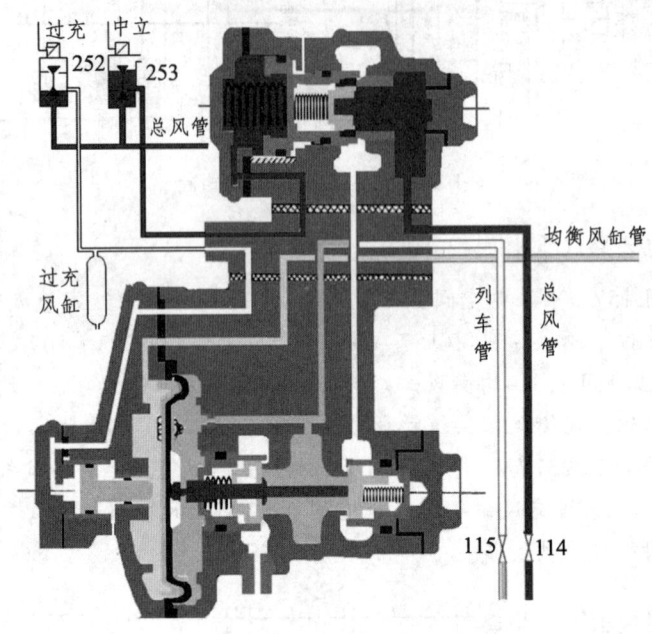

图 1-2-11　列车管中立位

（2）分配阀作用。

如图 1-2-12 所示，由于列车管压力停止下降，分配阀处于制动保压位（制动后中立位）或充风缓解位（制动前中立位），由于列车管没有减压，分配阀主阀部、增压阀、均衡部与运转位相同。泄漏引起的列车管压力下降速度很慢，也不会使分配阀主阀部动作，工作风缸经充风通路与列车管沟通。

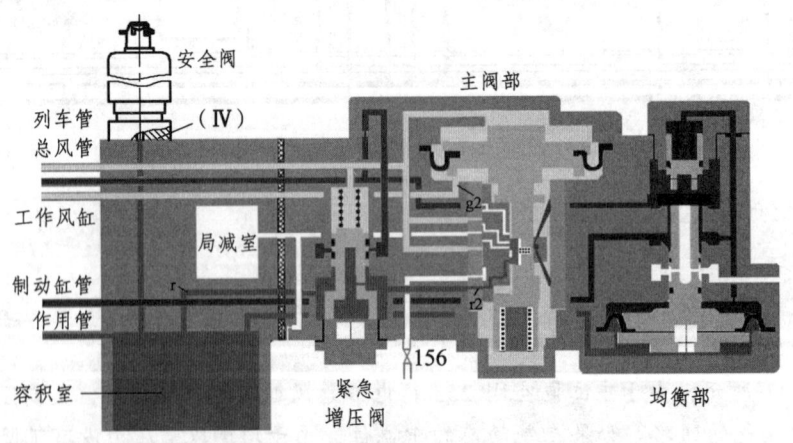

图 1-2-12　分配阀列车管中立位

制动后中立位，由于列车管停止减压，在主阀部工作风缸向容积室充风后压力也下降到接近列车管压力时，在主活塞尾部原被压缩的稳定弹簧的反力及主活塞自重的作用下，主活塞仅带动节制阀下移，切断工作风缸与容积室的通路，工作风缸停止向容积室充风，容积室压力停止上升。同时在均衡部，制动缸压力增大到与容积室压力接近时，在均衡阀、均衡活塞自重以及均衡部弹簧的作用下，使均衡阀压紧均衡活塞杆一起下移，关闭阀口，切断总风与制动缸的通路，制动缸压力停止上升。此时，增压阀仍处于下部关闭位，如列车管减压量减过常用制动有效减压量，主阀部仍保持制动位。

（3）紧急阀。

由于列车管停止减压，紧急阀活塞在弹簧反力作用下又恢复充风位，制动前中立位同样处于充风位。

（4）压力开关。

制动前中立位，压力开关208、209与运转位完全相同。

制动后中立位，压力开关209由于均衡风缸压力已下降，膜板将带动芯杆下移离开开关，导线807与827切断，导线822与800连通。如果均衡风缸减压量已超过最大减压量，压力开关208膜板也将下移离开开关，导线808与800连通但无作用。

步骤二：全列车阶段制动性能试验

试验目的：检查阶段制动是否稳定，列车管减压量与制动缸压力应符合规定。

操作步骤：电空制动控制器手柄置于"运转位"20 s以上后，再将其手柄在"制动位"与"中立位"间移动，施行阶段制动，直至达到全制动最大有效减压量。

试验要求：列车管减压量与制动缸压力应符合表1-2-1的规定。

表1-2-1 列车管减压量与制动缸压力

	制动管定压 500 kPa			制动管定压 600 kPa		
列车管减压量/kPa	40～50	100	140	40～50	100	170～180
制动缸压力/kPa	90～130	240～270	340～380	90～130	240～270	400～435

步骤三：列车管最大减压量制动性能试验

试验目的：检查列车获得过量减压量是否正常。

操作步骤：将电空制动控制器手柄移至"制动位"。

试验要求：列车管获得的过量减压量应符合表1-2-2的规定。

表1-2-2 过量减压量

列车管定压/kPa	500	600
列车管过量减压量/kPa	190～240	210～290

待压力稳定后，制动缸压力变化每分钟不应大于10 kPa，即列车管最大减压量190～240 kPa，制动缸压力变化每分钟不应大于10 kPa（见图1-2-13）。

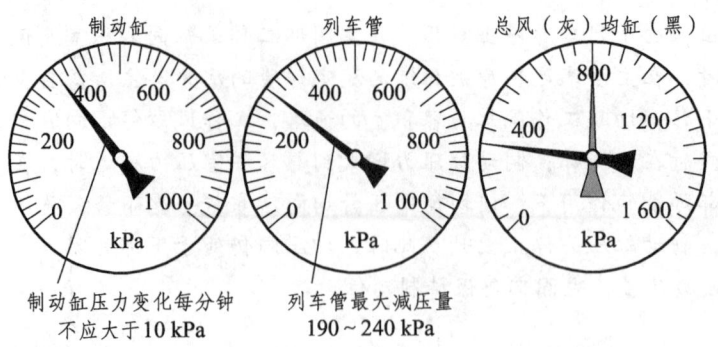

图 1-2-13 列车管最大减压量时各压力表的压力值

四、项目实施

1. 劳动组织形式

每 5~6 名学生组成一个工作小组，各小组制订出实施方案及工作计划，组长协助教师参与指导本组学生学习，检查项目实施进程和质量，制订改进措施，共同完成项目任务。

2. 工具材料准备

（1）作业工具：电空制动控制器钥匙、手电筒
（2）使用设备：DK-1 型制动机试验台。

3. 作业要求

（1）正确着装，穿戴好劳动防护用品。
（2）按照试验步骤完成试验，并注意观察各部件动作值是否符合试验要求。
（3）注意自身安全及他人安全，严禁违章作业。
（4）做好故障记录。

4. 项目评价

按时间、质量、安全、文明、环保要求进行考核。学生按照表 1-2-3 进行项目考核评分，先自评，然后在自评的基础上，由本组的同学互评，最后由教师进行总结评分。

表 1-2-3 项目考核评价表

序号	项目要求	考核标准	考核结果
1	时间要求	不超过规定时间	（1）有一项不符合要求为不合格； （2）合格成绩为 60 分
2	质量要求	试验质量符合标准	
3	安全要求	符合安全操作规程	
4	文明要求	做到文明生产	
5	环保要求	试验过程符合环保要求	

续表

序号	项目要求	考核标准	考核结果
6	项目拓展		20 分
7	项目作业		20 分
8	成　绩		

注：如出现重大安全、文明、环保事故，则本项目（单元）考核记为不合格。

DK-1 型电空控制制动机检修试验

任务三　过充试验（电空位）

一、任务及要求

掌握 SS_3 型 4000 系电力机车八步闸中的第三步闸的试验方法。
时间要求：2 课时。
质量要求：符合成都铁路局集团有限公司电力机车检修质量验收的相关标准和技术规程。
安全要求：严格按照安全操作规程进行项目作业。
文明要求：自觉按照文明生产规则进行项目作业。
环保要求：努力按照环境保护要求进行项目作业。

 理论链接 1

凡是新造或者经过维修的 DK-1 型制动机必须经过试验台测试，确认合格后方可装车使用。DK-1 型电空制动机试验分为装车前试验和装车后试验，装车前试验是在 DK-1 型电空制动机试验台上进行性能检查。装车后试验通常是在单机上试验，主要包括检修试验（即"八步闸"试验）和日常试验（即"五步闸"试验）

二、任务分析

对 DK-1 型电空制动机的检查、试验，主要用来检查它的各项作用是否正常。它是通过电空制动控制器、空气制动阀手柄在各工作位置间的顺序转换，同时观察压力表指针的变化情况，来分析、判断 DK-1 型电空制动机及其各部件是否处于良好状态。电空位过充试验为检查列车管是否能获得过充压力，达到加快列车管充风速度而做的试验。

该试验采用"过充作用试验→过充量消除试验"两个步骤进行。

三、电空位过充试验步骤

（一）任务路径

项目一　DK-1 型机车电空制动机检修试验

（二）任务具体步骤

步骤一：过充作用试验

试验目的：测定列车管是否获得过充压力。

操作步骤：空气制动阀（小闸）手把放置在运转位，电空制动控制器（大闸）手把由制动位移向过充位（见图 1-3-1）。观察均衡风缸压力是否为定压，列车管压力是否超过定压 30~40 kPa。

试验要求：列车管过充量在 30~40 kPa（见图 1-3-2）。

 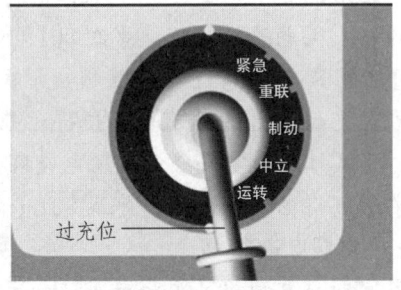

图 1-3-1　小闸（运转位）大闸（过充位）位置

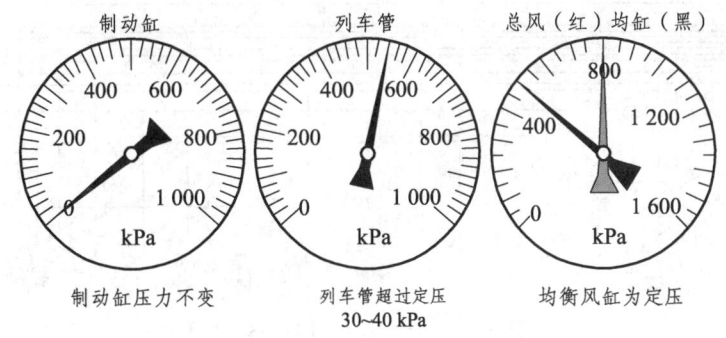

图 1-3-2　过充位压力指针表读数

 理论链接 2

自动制动作用下，电空制动控制器（大闸）在过充位的作用

该位置是初充风或再充风时，使车辆迅速缓解、机车保持制动所使用的位置。一般在长大下坡道上或刚连挂好车辆需加速充风时使用。

在过充位时，缓解电空阀得电，开通调压阀至均衡风缸的通路，通过中继阀使列车管压力达到定压，车辆缓解。同时过充电空阀得电，总风缸管与过充管相通，中继阀过充活塞在总风缸压力的作用下顶住中继阀主活塞，使列车管的充气压力高于定压 30~40 kPa。

理论链接 3
电空制动控制器在过充位的作用原理（电空位）

1. 过充位时的得电路径（见图 1-3-3）

（1）大闸在过充位时，803 线有电（见图 1-3-4），经中间继电器 452、451 的常闭联锁，使得缓解电空阀 258 得电，开通了均衡风缸的充风通路，排风 2 电阀 256 未得电，关闭了过充风缸的排气通路。得电路径如下：导线 801（电源）→操纵端电空制动控制器（大闸 1）→导线 803→中间继电器 452、451 常闭联锁→导线 837→缓解电空阀 258 得电。

（2）大闸在过充位时 805 线有电，使得过充电空阀 252 得电，开通了总风缸管与过充风缸的空气通路，总风缸压力空气经过充风电空阀 252 充入过充风缸及中继阀过充柱塞的左侧，推动过充柱塞右移。得电路径如下：导线 801（电源）→操纵端电空制动控制器（大闸 1）→导线 805→过充电空阀 252 得电。

（3）其余电空阀、电动放风阀和中间继电器均失电。

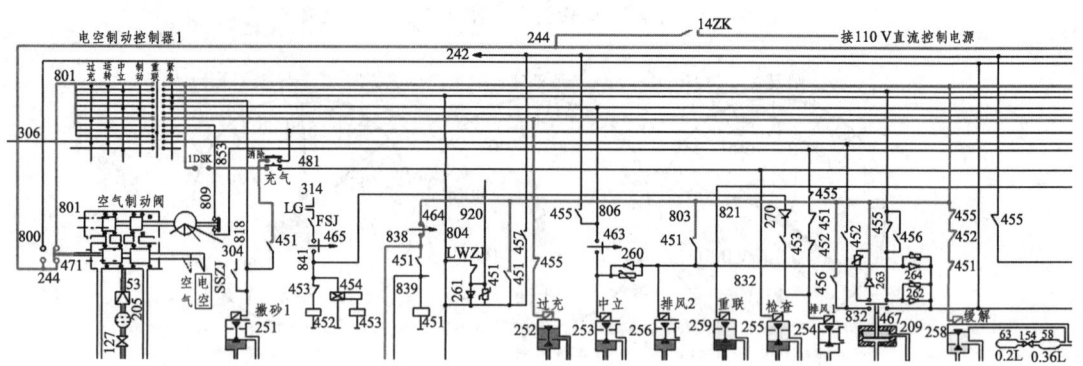

图 1-3-3　过充位时的得电路径

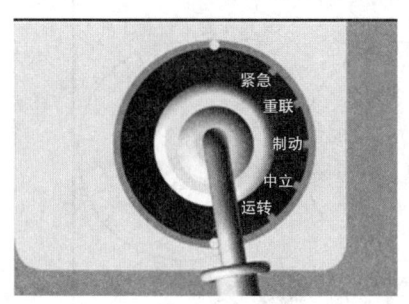 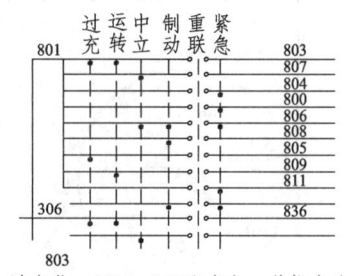

过充位：803、805线有电，若机车处于动力制动状态，836线从306线得电

图 1-3-4　大闸过充位的得电线号

2. 过充位时气路（见图 1-3-5 和图 1-3-6）

（1）总风缸管→157塞门→调压阀55（调整压力为列车管定压）→止回阀203（109）→缓解电空阀258下阀口→转换阀153→均衡风缸（压力上升至列车管定压）。

（2）总风缸管→157塞门→过充电空阀252下阀口→过充风缸→中继阀过充柱塞左侧。

（3）初制风缸压力空气排大气，空气通路与运转位相同，即初制风缸压力空气→制动电空阀257上阀口→大气。

（4）总风遮断阀左侧压力空气排大气，空气通路与运转位相同，即总风遮断阀左侧压力空气→中立电空阀253上阀口→大气。

（5）其余电空阀气路被切断。

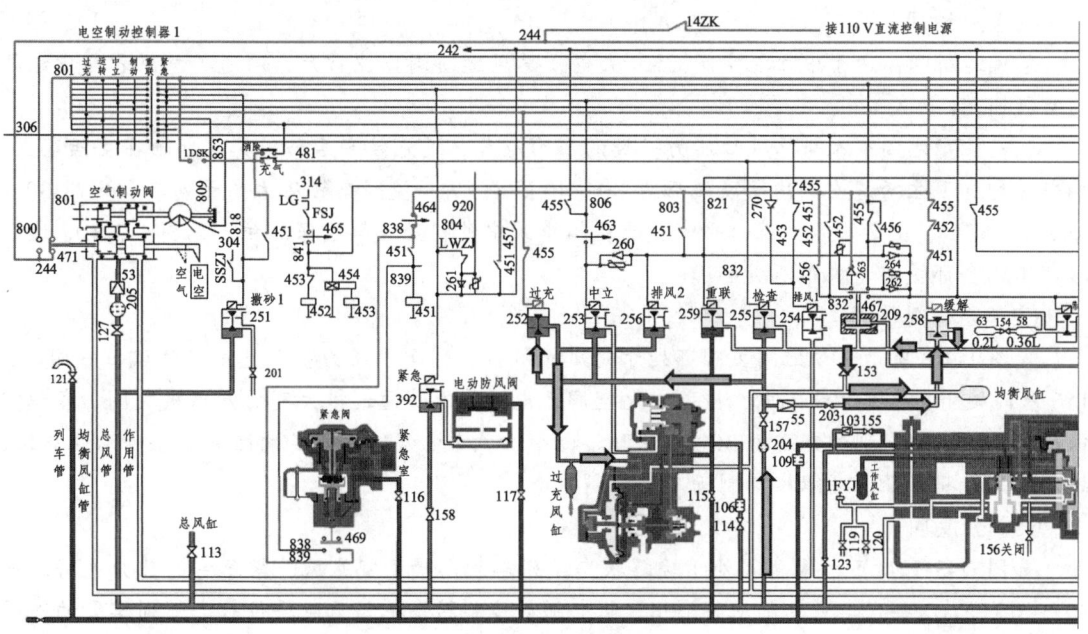

图 1-3-5　均衡风缸和过充风缸的充风通路

DK-1型电空控制制动机检修试验

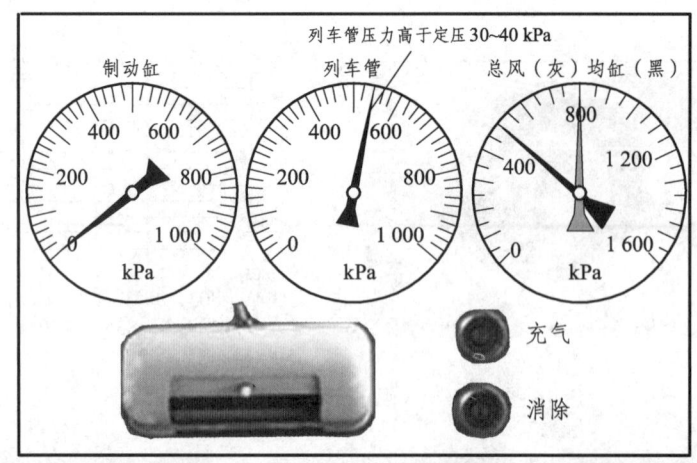
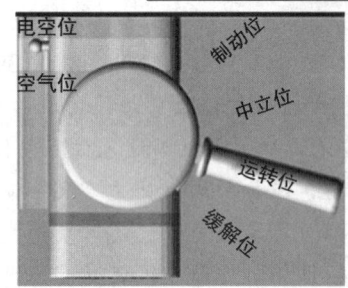
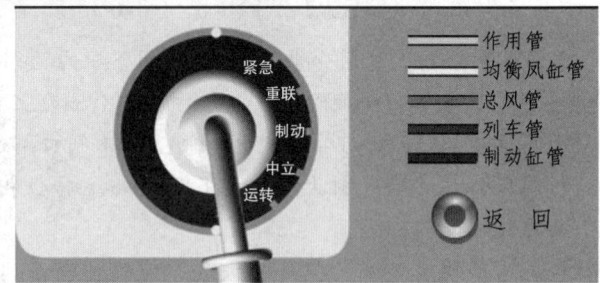

图1-3-6 过充位时各压力表的压力值

3. 过充位时主要阀类部件作用

（1）中继阀作用。

总风遮断阀：由于中立电空阀253失电，总风遮断阀口被打开，沟通了总风管与中继阀的空气通路。

过充柱塞左侧充入与总风缸压力一致的压力空气，过充柱塞右移，其端部顶在主活塞上，相当于增加了主活塞左侧均衡风缸压力30~40 kPa，从而使列车管压力高于列车管定压30~40 kPa，随后，主活塞两侧压力平衡，使双阀口式中继阀呈缓解后保压位（见图1-3-7），这时后部车辆全部缓解（机车不缓解）。

（2）分配阀作用。

如图1-3-8所示，分配阀主阀部处于充风缓解位，列车管压力空气充入工作风缸。同时，156塞门关闭，导线809无电，排风1电空阀无电，作用管通过排大气的气路被关闭，容积室保压。工作风缸得到过充压力30~40 kPa。由于排风1电空阀无电，均衡部处于制动保压位，故制动缸也将保压，所以机车制动不能缓解。

（3）紧急阀。

如图1-3-9所示，紧急阀处于缓解状态，列车管向紧急室充风，紧急室的压力也将过充30~40 kPa，以备列车紧急制动时使用。电空制动控制器手把移至运转位时会随列车管的缓慢减压而恢复定压。

（4）压力开关。

如图1-3-10所示，压力开关208、209的膜板带动芯杆上移，导线807和827连通，导线822和800切断，导线808和800切断。

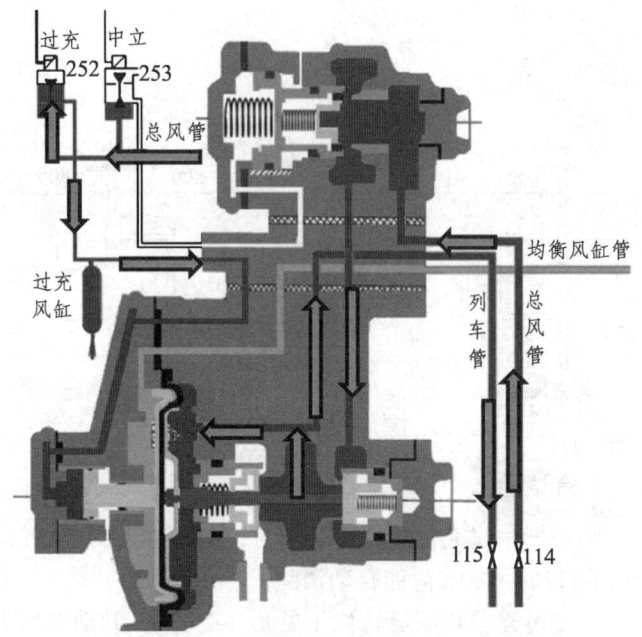

图 1-3-7　中继阀列车管充气缓解位

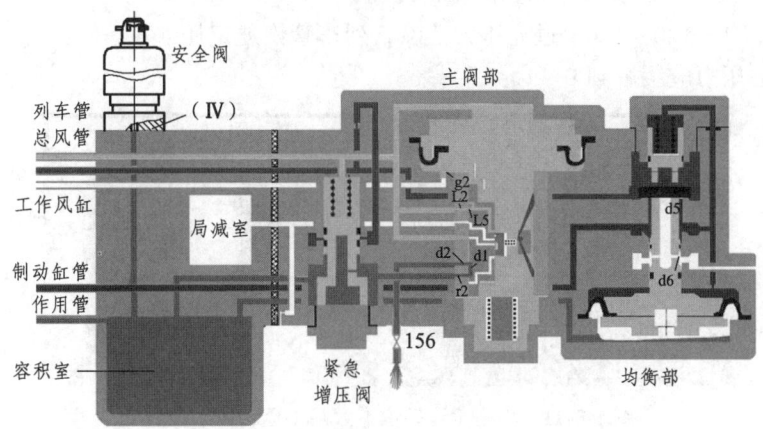

图 1-3-8　分配阀列车管充气缓解位

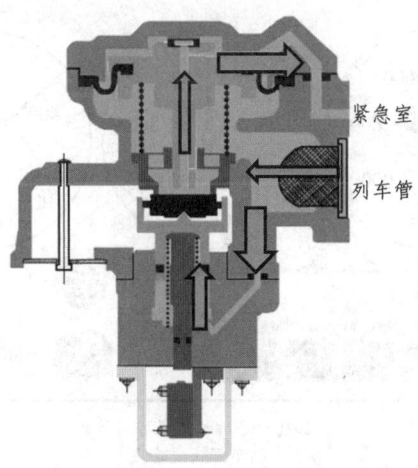

图 1-3-9　紧急阀列车管充气缓解位

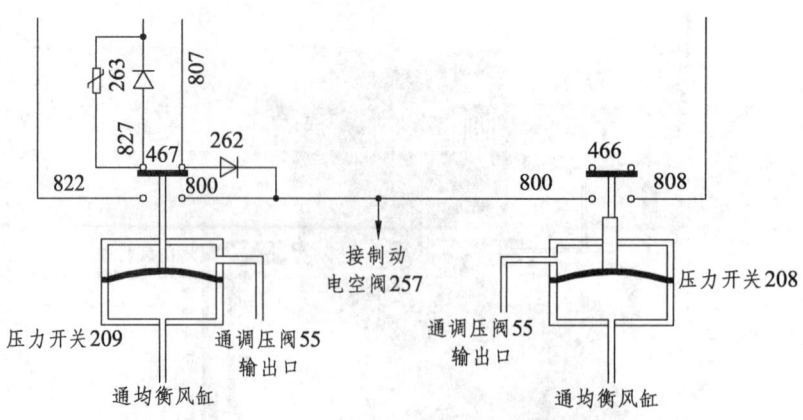

图 1-3-10 压力开关列车管充气缓解位

步骤二：过充量消除试验

试验目的：（1）大闸手把由过充位移回运转位时，制动缸压力能缓解到 0。

（2）过充风缸压力在 120～180 s 内能自动消除。

操作步骤：大闸手把由过充位移回运转位（见图 1-3-11），制动缸压力缓解到 0，过充风缸压力在 120～180 s 内自动消除（见图 1-3-12）。

试验要求：（1）120～180 s 过充压力消除，列车管恢复定压。

（2）制动缸压力应缓解到 0。

图 1-3-11 小闸（运转位）大闸（运转位）位置

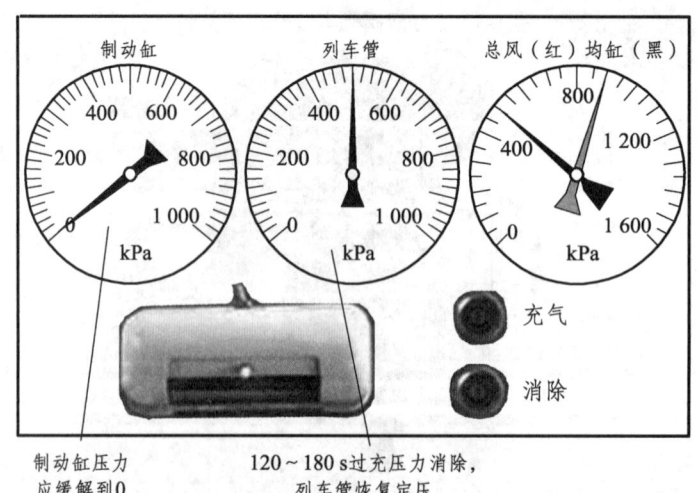

图 1-3-12 各压力指针表压力值

四、项目实施

1. 劳动组织形式

每5～6名学生组成一个工作小组,各小组制订出实施方案及工作计划,组长协助教师参与指导本组学生学习,检查项目实施进程和质量,制订改进措施,共同完成项目任务。

2. 工具材料准备

(1) 作业工具:电空制动控制器钥匙、手电筒。

(2) 使用设备:DK-1型制动机试验台。

3. 作业要求

(1) 正确着装,穿戴好劳动防护用品。
(2) 按照试验步骤完成试验,并注意观察各部件动作值是否符合试验要求。
(3) 注意自身安全及他人安全,严禁违章作业。
(4) 做好故障记录。

4. 项目评价

按时间、质量、安全、文明、环保要求进行考核。学生按照表1-3-1进行项目考核评分,先自评,在自评的基础上,由本组的同学互评,最后由教师进行总结评分。

表1-3-1 项目考核评价表

序号	项目要求	考核标准	考核结果
1	时间要求	不超过规定时间	(1) 有一项不符合要求为不合格; (2) 合格成绩为60分
2	质量要求	试验质量符合标准	
3	安全要求	符合安全操作规程	
4	文明要求	做到文明生产	
5	环保要求	试验过程符合环保要求	
6	项目拓展		20分
7	项目作业		20分
8	成　绩		

注:如出现重大安全、文明、环保事故,则本项目(单元)考核记为不合格。

任务四　常用全制动及制动缸泄漏量检查试验

一、任务及要求

掌握 SS_3 型 4000 系电力机车"八步闸"中的第四步闸的操作步骤、试验要求、工作原理。

时间要求：2 课时。

质量要求：符合成都铁路局集团有限公司电力机车检修质量验收的相关标准和技术规程。

安全要求：严格按照安全操作规程进行项目作业。

文明要求：自觉按照文明生产规则进行项目作业。

环保要求：按照环境保护要求进行项目作业。

理论链接 1

司机在区间正常调速或在站内有目的、有计划地停车时，需要使用制动位进行减压调速。制动位时，缓解电空阀失电，均衡风缸的压力空气经制动电空阀的排气口排除，列车管压力下降，机车、车辆产生制动作用。同时中立电空阀得电，中继阀的总风遮断阀处于关闭状态，截断列车管补风源。常用制动位与中立位的配合使用，可使列车管实现阶段常用减压

理论链接 2

实际运行中，既可进行"一段制动法"操纵，又可进行"两段制动法"操纵。所谓一段制动法是指施行制动后不再进行缓解，根据列车减速情况追加减压，使列车停于预定地点的操纵方法。而两段制动法则是指进站前施行制动，待列车速度降至所需要的速度时进行缓解，充风后再次施行制动，使列车停于预定地点的操纵方法

小贴士：当在制动位实施追加制动时，须待第一次减压排风完成后，再施行追加减压。这是因为减压排风未完成就进行追加减压，相当于施行了一次大减压，列车因制动力过强而增加冲击，也容易使后部车辆产生紧急制动作用。同时，追加减压量不应超过第一次减压量，否则因列车制动力急剧增加，不利于平稳操纵。

理论链接 3

制动位下,还可以进行"长波浪式制动"和"短波浪式制动"。

长波浪式制动是指减压量小、列车减速慢、制动距离长的制动操纵方法。长波浪式制动的优点是列车在较长的距离内,基本保持匀速减速运行,且用风量小,使空气压缩机工作量小;缺点是闸瓦与轮箍摩擦时间长,易发热,因此在使用时,应注意制动距离不宜过长,以免闸瓦过热而使制动失效,或轮箍过热弛缓。另外,在起伏坡道的线路上,也可用小闸调整机车的制动力。

短波浪式制动是指减压量大(一般在 100 kPa 以上)、列车减速快、制动距离短的制动操纵方法。短波浪式制动的优点是闸瓦不易过热,缺点是制动频繁,空气压缩机工作量大。因此使用时,应掌握好缓解时机,防止因缓解过早使列车速度剧增,并且严防充风不足,错过下一次制动时机,而造成超速或放飏事故。

二、任务分析

对 DK-1 型电空制动机的检查、试验,主要用来检查它的各项作用是否正常。检查是通过电空制动控制器、空气制动阀手柄在各工作位置间的顺序转换,同时观察压力表指针的变化情况,来分析、判断 DK-1 型电空制动机及其各部件是否处于良好状态。该试验(常用全制动及制动缸泄漏量)的目的是检查均衡风缸减压速度和制动缸压力升压速度是否正常以及制动缸漏泄量是否每分钟不大于 10 kPa。

该试验采用"均衡风缸减压速度和制动缸压力升压速度试验→制动缸漏泄量检查试验→缓解性能检查试验"3 个步骤进行。

三、常用全制动及制动缸泄漏量检查试验步骤

(一)任务路径

DK-1 型电空控制机检修试验

（二）任务具体步骤

步骤一：均衡风缸减压速度和制动缸升压速度试验

试验目的：测定均衡风缸减压速度和制动缸压力升压速度是否正常。

操作步骤：将电空制动控制器手柄由"运转位"移至"制动位"（见图 1-4-1），观察均衡风缸减压速度和制动缸压力升压速度是否符合要求（以列车管定压 500 kPa 为例）。

试验要求：符合表 1-4-1 和图 1-4-2 的要求。

表 1-4-1 均衡风缸减压速度和制动缸升压速度

列车管定压 500 kPa	列车管定压 600 kPa
均衡风缸减压 140 kPa 的时间为 5 ~ 7 s	均衡风缸减压 170 kPa 的时间为 6 ~ 8 s
制动缸由零升至 340 ~ 380 kPa 的时间为 6 ~ 8 s	制动缸由零升至 400 ~ 435 kPa 的时间为 7 ~ 9.5 s

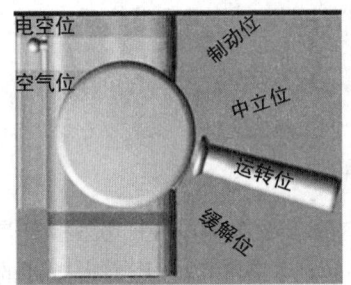 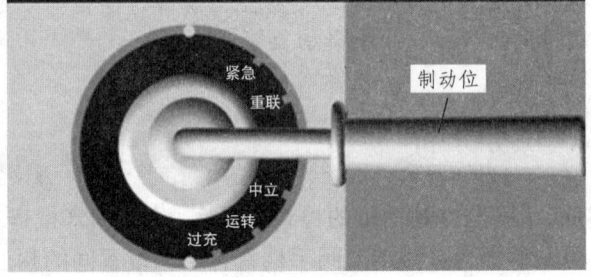

图 1-4-1 小闸（运转位）大闸（制动位）位置

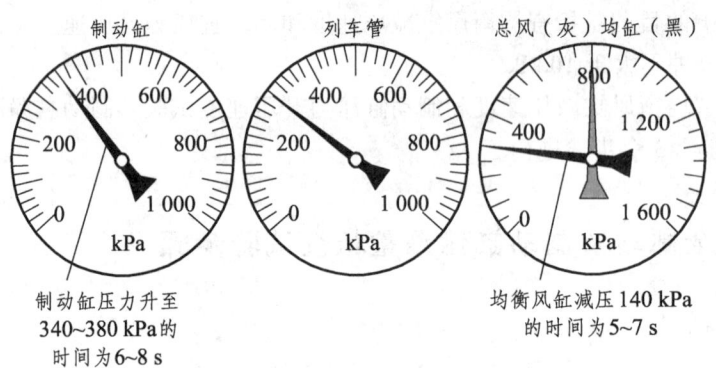

图 1-4-2 各压力指针表压力值

 理论链接 4
电空制动控制器（大闸）在制动位的作用

该位置是操纵列车常用制动时的工作位置，电空制动控制器手柄在该位置停留时间的长短，控制着列车制动管的常用制动减压量。它与电空制动控制器"中立位"配合使用使列车制动管实现阶段常用准确减压。

步骤二：制动缸漏泄量检查试验

试验目的：测定制动缸的泄漏量是否正常。

操作步骤：电空制动控制器手把仍在"制动位"（见图1-4-3），关断分配阀供给塞门，观察制动缸的漏泄量是否符合要求。

试验要求：制动缸漏泄量不大于10 kPa/min（见图1-4-4）。

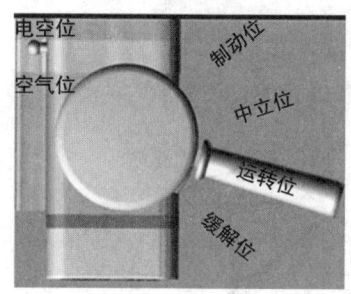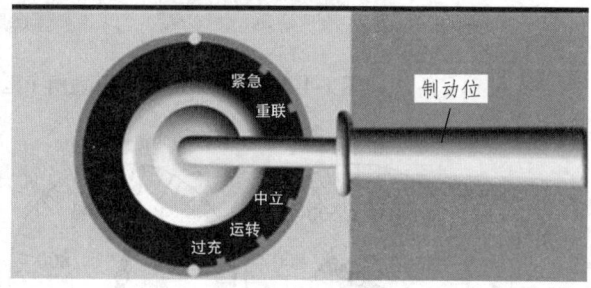

图1-4-3　小闸（运转位）大闸（制动位）位置

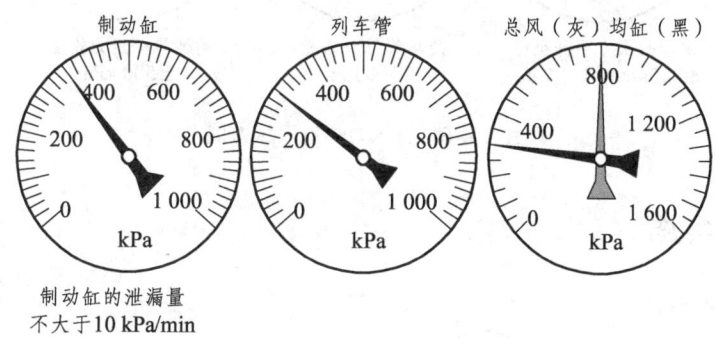

图1-4-4　各压力指针表压力值

步骤三：缓解性能检查试验

试验目的：测定均衡风缸、列车管是否能恢复定压；制动缸压力下降速度是否正常。

操作步骤：将电空制动控制器手把移回"运转位"（见图1-4-5），观察均衡风缸、列车管压力恢复至定压，制动缸压力下降速度符合要求（列车管定压500 kPa）。

试验要求：均衡风缸、列车管能恢复至定压，制动缸压力下降速度符合表1-4-2和图1-4-6的要求。

表1-4-2　制动缸压力下降速度

列车管定压500 kPa	列车管定压600 kPa
制动缸压力由340～380 kPa下降至40 kPa的时间不大于7 s	制动缸压力由400～435 kPa下降至40 kPa的时间不大于8.5 s

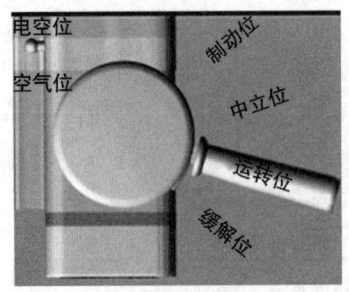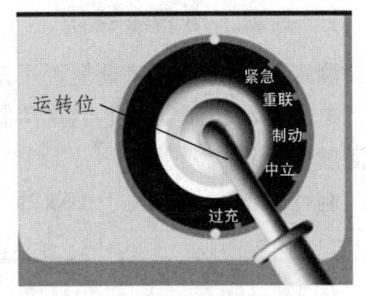

图 1-4-5 小闸（运转位）大闸（运转位）位置

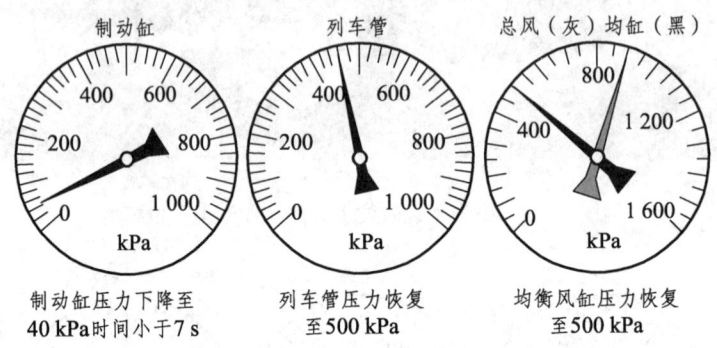

图 1-4-6 各压力指针表压力值

四、项目实施

1. 劳动组织形式

每 5~6 名学生组成一个工作小组，各小组制订出实施方案及工作计划，组长协助教师参与指导本组学生学习，检查项目实施进程和质量，制订改进措施，共同完成项目任务。

2. 工具材料准备

（1）作业工具：电空制动控制器钥匙、手电筒。
（2）使用设备：DK-1 型制动机试验台。

3. 作业要求

（1）正确着装，穿戴好劳动防护用品。
（2）按照试验步骤完成试验，并注意观察各部件动作值是否符合试验要求。
（3）注意自身安全及他人安全，严禁违章作业。
（4）做好故障记录。

4. 项目评价

按时间、质量、安全、文明、环保要求进行考核。学生按照表 1-4-3 进行项目考核评分，先自评，在自评的基础上，由本组的同学互评，最后由教师进行总结评分。

表 1-4-3　项目考核评价表

序号	项目要求	考核标准	考核结果
1	时间要求	不超过规定时间	（1）有一项不符合要求为不合格； （2）合格成绩为 60 分
2	质量要求	试验质量符合标准	
3	安全要求	符合安全操作规程	
4	文明要求	做到文明生产	
5	环保要求	试验过程符合环保要求	
6	项目拓展		20 分
7	项目作业		20 分
8	成　绩		

注：如出现重大安全、文明、环保事故，则本项目（单元）考核记为不合格。

DK-1 型电空控制制动机检修试验

任务五　单独制动与单独缓解性能试验

一、任务及要求

掌握 SS_3 型 4000 系电力机车八步闸中的第五步闸的试验方法。
时间要求：2 课时。
质量要求：符合成都铁路局集团有限公司电力机车检修质量验收的相关标准和技术规程。
安全要求：严格按照安全操作规程进行项目作业。
文明要求：自觉按照文明生产规则进行项目作业。
环保要求：按照环境保护要求进行项目作业。

 理论链接 1
机车单独制动作用

　　单独制动作用，即 DK-1 型机车电空制动机处于电空位，且大闸处于运转位，操纵小闸手把在各位置时的综合作用，它还包括大闸处于制动后中立位，小闸手把置于缓解位或下压手把时的综合作用。机车单独制动作用用于单独操纵机车的制动、保压与缓解。

二、任务分析

　　对 DK-1 型电空制动机的检查、试验，主要用来检查它的各项作用是否正常。试验是通过电空制动控制器、空气制动阀手柄在各工作位置间的顺序转换，同时观察压力表指针的变化情况，来分析、判断 DK-1 型电空制动机及其各部件是否处于良好状态。电空位单独制动缓解试验的目的是检查阶段制动、阶段缓解是否稳定，该试验按"单独阶段制动、单独阶段缓解试验→单独全制动、缓解试验"两个步骤进行。

三、单独制动与单独缓解性能试验步骤

（一）任务路径

（二）任务具体步骤

步骤一：单独阶段制动、单独阶段缓解试验

试验目的：检查阶段制动、阶段缓解是否稳定。

操作步骤：

（1）电空制动控制器手把放置在运转位，空气制动阀手把由运转位移向制动位（见图 1-5-1）。

（2）空气制动阀手把由制动位移向中立位，在中立位与制动位之间往复操作，直至制动缸压力达到 300 kPa，将空气制动阀手把置中立位（见图 1-5-2）。

（3）空气制动阀手把在中立位与运转位之间往复操作，直至制动缸压力降至 0，将空气制动阀手把置运转位。

试验要求：（1）空气制动阀手把在中立位与制动位往复操作时，制动缸压力能稳定上升。

（2）空气制动阀手把在中立位与缓解位往复操作时，制动缸压力能稳定下降。

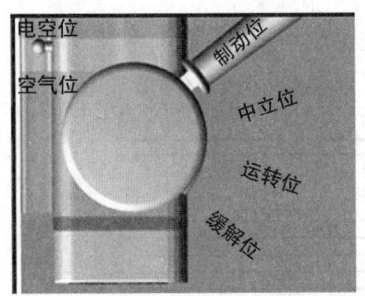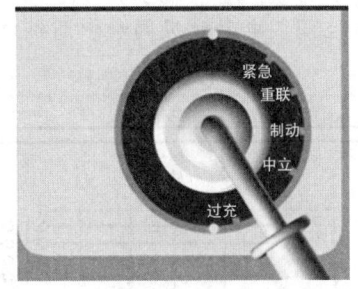

图 1-5-1　小闸（制动位）大闸（运转位）位置

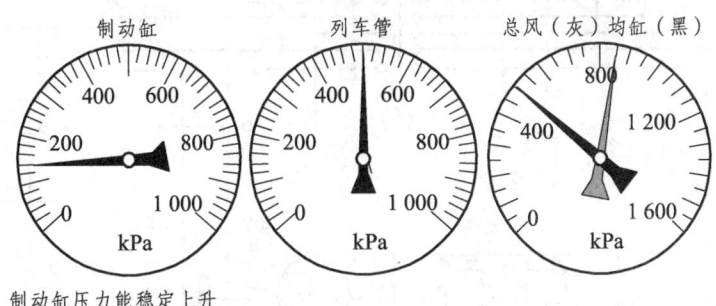

制动缸压力能稳定上升
（直至 300 kPa）

图 1-5-2　空气制动阀手把在中立位与制动位之间往复操作

理论链接 2
空气制动阀（小闸）在制动位的作用原理（电空位）

1. 空气制动阀（小闸）在制动位时的得电路径

（1）大闸在运转位，801 线有电，经中间继电器 452、451 的常闭联锁，使得缓解电空阀 258 得电。具体得电路径如下：导线 801（电源）→操纵端电空制动控制器（大闸 1）→导线 803→中间继电器 452、451 常闭联锁→导线 837→缓解电空阀 258 得电（参见运转位得电路径图 1-1-3）。

（2）大闸位置不变，由于小闸手柄移位到制动位，使得其上微动开关 473（3SA2）将原连通的导线 809 与导线 818 断开，即排风 1 电空阀 254（254YV）无法得电（见图 1-5-3），作用管的排大气通路被切断。

（3）其余电空阀、电动放风阀和中间继电器均失电。

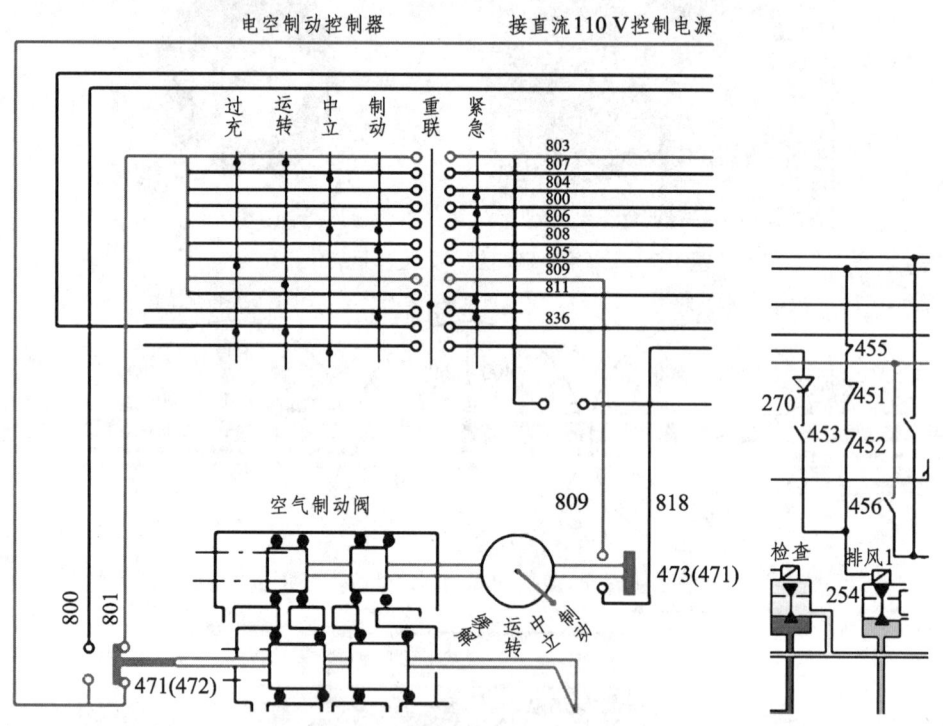

图 1-5-3　809 线与 818 线断开，排风 1 电空阀 254（254YV）无法得电

2. 空气制动阀（小闸）在制动位时的气路（见图 1-5-4）

小闸制动位，缓解电空阀维持有电，总风维持向均衡风缸充气，分配阀主阀部处于缓解位。空气制动阀处于制动位时，作用柱塞右移，使调压阀管经柱塞凹槽与作用管相通，作用管增压，容积室充气，使均衡活塞上移，总风向制动管充气，分配阀均衡部呈常用制动位，机车单独制动。

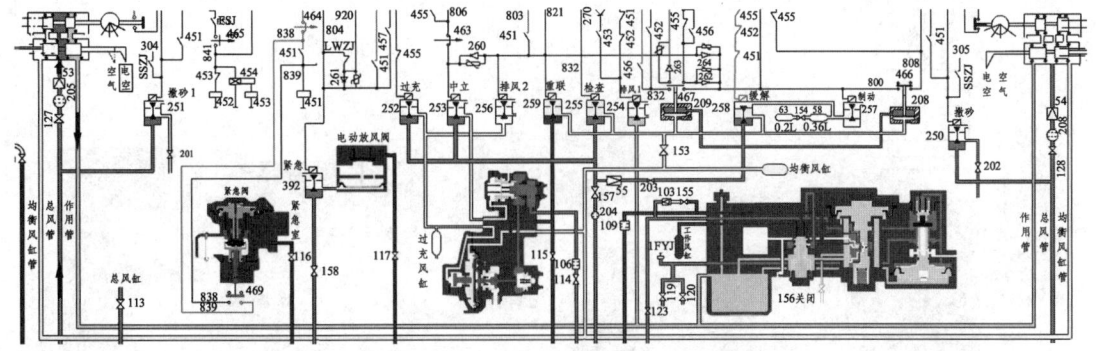

图 1-5-4　大闸（运转位）小闸（制动位）时的气路

3. 空气制动阀（小闸）在制动位时的主要阀类部件作用

（1）空气制动阀。

如图 1-5-5 所示，在空气制动阀中，由于作用柱塞的右移，开通了作用管充风通路，即调压阀管 53（调整压力为 300 kPa）→作用柱塞通道→作用管。

作用管压力上升，根据小闸该位置停留时间的长短，可获得 0~300 kPa 的作用管压力。

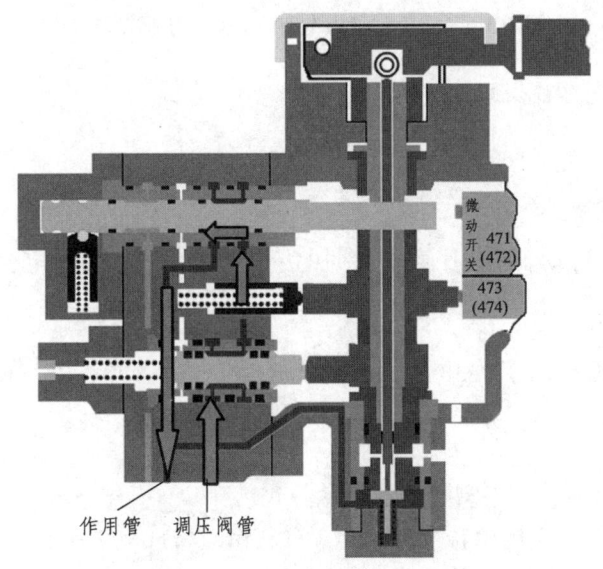

图 1-5-5　空气制动阀在制动位

（2）分配阀。

如图 1-5-6 所示，分配阀主阀部仍处于充气缓解位，增压阀部仍处于关闭位。由于作用管压力上升，均衡部的均衡活塞下侧压力也同时上升，活塞上移，其活塞顶面接触均衡阀并顶开均衡阀，总风经开放的均衡阀口进入制动缸及均衡活塞上侧。当制动缸压力上升至与作用管压力接近时，在均衡阀、均衡活塞自重以及均衡部弹簧的作用下，均衡阀压均衡活塞杆一起下移，关闭阀口，切断总风与制动缸通路，制动缸压力停止上升，实现了机车的单独制动。

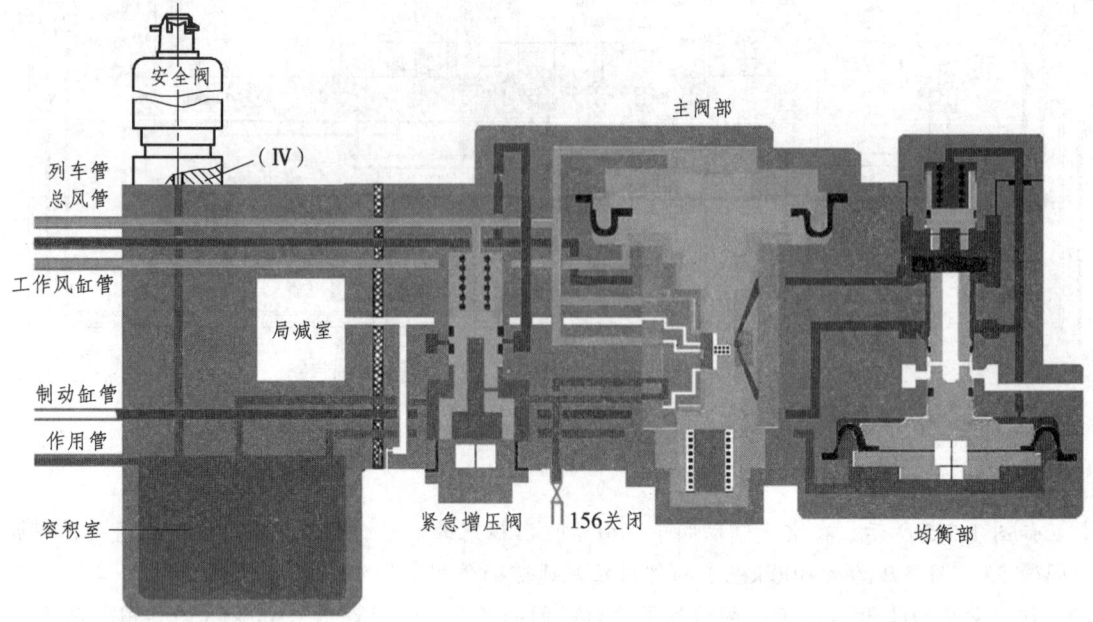

图 1-5-6　空气制动阀电空位操纵，手柄制动位

（3）其余电空阀气路被切断。

理论链接 3
空气制动阀（小闸）在中立位的作用原理（电空位）

1. 空气制动阀（小闸）在中立位时的电路

此时与小闸制动位相同，排 1 电空阀 254（254YV）失电。

2. 空气制动阀（小闸）在中立位时的气路

小闸中立位，缓解电空阀维持有电，总风维持向均衡风缸充气，空气制动阀处于中立位时，作用柱塞凸轮有较小的开程，作用柱塞右移至中间位，切断对管路的通路，作用管压力保持不变。

3. 空气制动阀（小闸）在中立位时的主要阀类部件作用

（1）空气制动阀。

如图 1-5-7 所示，空气制动阀无通路，即作用管与外通路均切断，其压力保持不变。

（2）分配阀。

如图 1-5-8 所示，分配阀主阀部处于充风缓解位，增压阀部处于关闭位，均衡部呈保压位，机车制动缸压力保持不变。

项目一　DK-1 型机车电空制动机检修试验

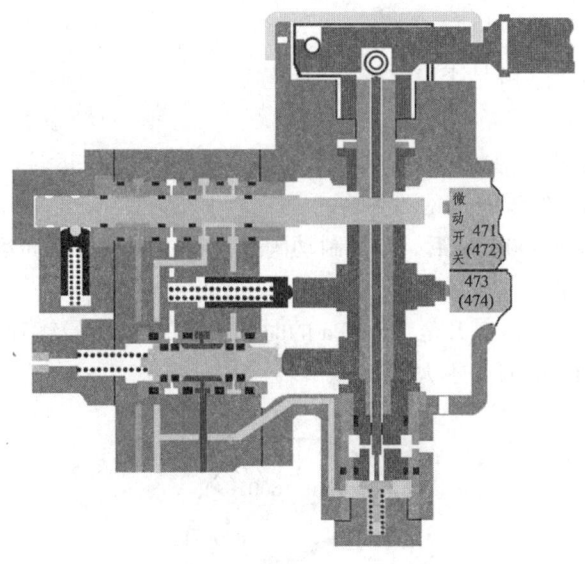

图 1-5-7　空气制动阀在中立位

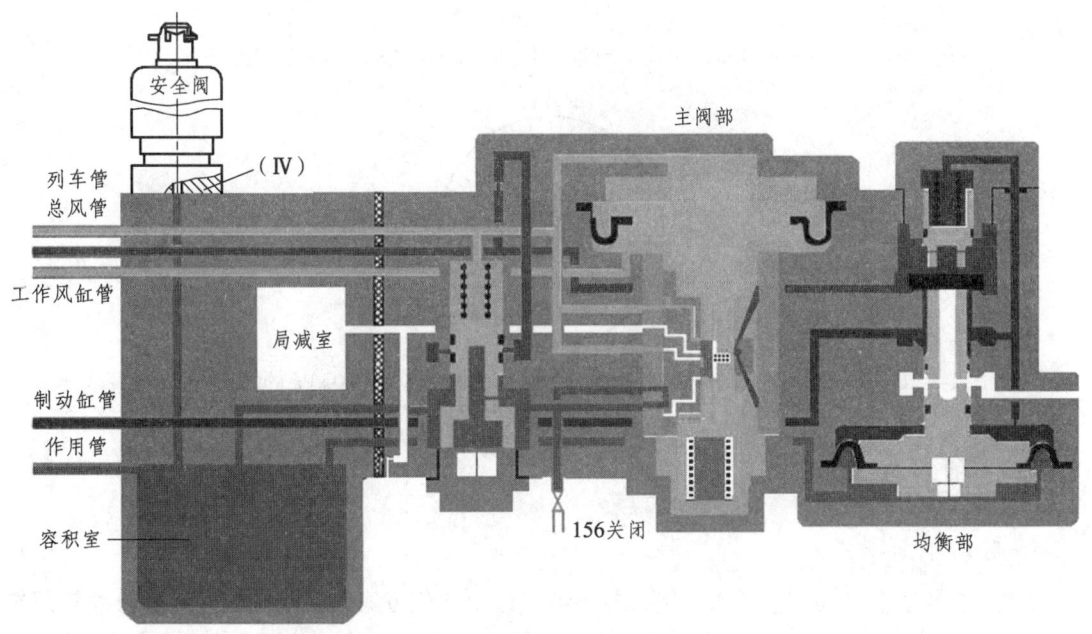

图 1-5-8　空气制动阀电空位操纵，手柄中立位

 理论链接 4
空气制动阀（小闸）在运转位的作用原理（电空位）

电路、气路、阀类部件的作用与第一步闸相同。

步骤二：单独全制动、缓解试验

试验目的：检查制动缓解是否稳定正常

操作步骤：

（1）电空制动控制器手把放置在运转位，空气制动阀手把由运转位移向制动位，测制动缸压力由 0 升至 280 kPa 的时间（见图 1-5-9）。

（2）制动缸压力达到 300 kPa 后，空气制动阀手把再由制动位移向运转位，测制动缸压力由 300 kPa 降至 40 kPa 的时间（见图 1-5-10）。

试验要求：制动缸压力由 0 升至 280 kPa 的时间不大于 4 s，最终升至 300 kPa。制动缸压力由 300 kPa 降至 40 kPa 的时间不大于 5 s。

图 1-5-9　单独全制动试验（测定制动缸压力由 0 升至 280 kPa 的时间小于 4 s）

图 1-5-10　单独缓解试验（测定制动缸压力由 300 kPa 下降至 40 kPa 的时间小于 5 s）

四、项目实施

1. 劳动组织形式

每 5~6 名学生组成一个工作小组，各小组制订出实施方案及工作计划，组长协助教师参与指导本组学生学习，检查项目实施进程和质量，制订改进措施，共同完成项目任务。

2. 工具材料准备

（1）作业工具：电空制动控制器钥匙，手电筒。

（2）使用设备：DK-1 型制动机试验台。

3. 作业要求

（1）正确着装，穿戴好劳动防护用品。

（2）按照试验步骤完成试验，并注意观察各部件动作值是否符合试验要求。

（3）注意自身安全及他人安全，严禁违章作业。

（4）做好故障记录。

4. 项目评价

按时间、质量、安全、文明、环保要求进行考核。学生按照表1-5-1进行项目考核评分，先自评，在自评的基础上，由本组的同学互评，最后由教师进行总结评分。

表1-5-1　项目考核评价表

序号	项目要求	考核标准	考核结果
1	时间要求	不超过规定时间	（1）有一项不符合要求为不合格； （2）合格成绩为60分
2	质量要求	试验质量符合标准	
3	安全要求	符合安全操作规程	
4	文明要求	做到文明生产	
5	环保要求	试验过程符合环保要求	
6	项目拓展		20分
7	项目作业		20分
8	成　绩		

注：如出现重大安全、文明、环保事故，则本项目（单元）考核记为不合格。

DK-1 型电空控制制动机检修试验

任务六　重联位性能试验

一、任务及要求

掌握 SS_3 型 4000 系电力机车八步闸中的第六步闸的试验方法。
时间要求：2 课时。
质量要求：符合成都铁路局集团有限公司电力机车检修质量验收的相关标准和技术规程。
安全要求：严格按照安全操作规程进行项目作业。
文明要求：自觉按照文明生产规则进行项目作业。
环保要求：努力按照环境保护要求进行项目作业。

二、任务分析

随着铁路运量的不断增长，迫切要求增大机车功率和采用双机与多机重联牵引。为适应双机及多机重联牵引的需要，在装用 DK-1 型机车电空制动机并要求空气制动重联的机车上，采用了制动重联装置。

对于制动机的重联要求，根据 GB 3318—82《电力机车组装后的检查和试验规则》中的第 2.27 条以及 TB 2056—89《电力机车制动机技术条件》中的第 7 条规定，需要空气制动重联的机车制动机应具备以下重联性能：

（1）本务机车制动机除满足单机技术性能等外，还能通过操纵本务机车，使得重联机车制动机产生制动与缓解。

（2）重联机车制动机动作时应不影响本务机车与其他重联机车以及车辆制动机的制动和缓解。

（3）重联机车制动机的制动与缓解作用应与本务机车制动机协调一致。

（4）本务机车应能控制重联机车的撒砂动作。

（5）重联运行中，一旦发生机车间分离，所有机车制动机都应产生紧急制动作用，并保持机车制动机的紧急制动作用。

（6）重联装置应能使本务机车与重联机车制动缸压力基本一致。

机车制动机的重联装置只有满足上述要求才能确保重联的机车制动机作用的可靠性及运行的安全性。

如果重联阀在本机位和补机位转换不到位，会导致 DK-1 电空制动机不能正常工作，影响列车运行，严重时会造成行车事故。

该试验采用"中继阀自锁性能试验→自锁状态下单独阶段制动、缓解性能试验"两个步骤进行。

理论链接 1
重联位的操作

试验前的机车应经制动机单机性能试验合格。

试验前应将本务机车调整到电空位,并将重联装置置于本机位,还应开通所有机车间的列车管、总风联管折角塞门以及平均管塞门。当机车作为本务机车运行时,制动机操作方法与电空位或空气位操作相同。但当机车作为补机运行时,因机车制动机应受本务机车操作,因此应根据不同情况做不同的处理。下面分三种类型介绍重联补机的操作转换。

1. 未装用制动重联装置的重联操作

(1)将操纵端电空制动控制器手把置重联位(或取出),空气制动阀手把置运转位(或取出)。

(2)开放分配阀缓解塞门156(见图1-6-1)。

(3)如制动机处于空气位或处于电空位但无电空制动电源,还应将中继阀座下方的中继阀列车管115塞门(见图1-6-2)关闭。

图1-6-1　156塞门

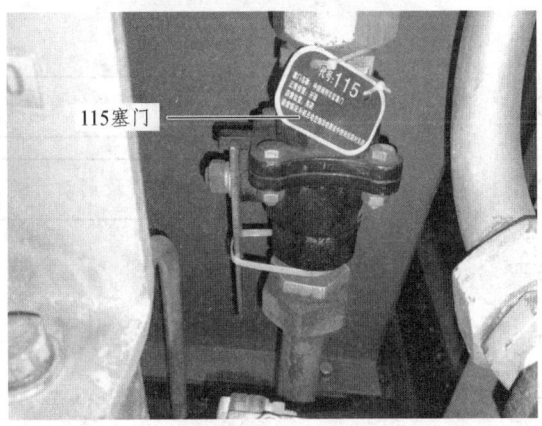

图1-6-2　115塞门

DK-1 型电空控制动机检修试验

2. 装有制动重联装置，且重联机车之间平均管、总风联管、列车管均开通

（1）将两端（或两节机车）电空制动控制器手把置重联位（或取出），空气制动阀手把置运转位（或取出）。

（2）如图 1-6-3 所示，将重联转换阀 93 打向补机位（双节重联机车的两节机车重联转换阀均应置补机位）。

图 1-6-3　重联转换阀 93 置补机位

（3）如果制动机处于空气位或电空位但无电空制动电源，应将相应机车中继阀座下方的中继阀列车管 115 塞门关闭。

3. 装有制动重联装置，但重联机车间平均管与总风联管没有开通

（1）将两端（或两节机车）电空制动控制器手把置重联位（或取出），空气制动阀手把置运转位（或取出）。

（2）开放分配阀缓解塞门 156，重联转换阀 93 置本机位。如为双节重联机车只需开放重联操纵节的分配阀缓解塞门，而重联非操纵节的重联转换阀应置补机位。

（3）如果机车制动机处于空气位或处于电空位但无电空制动电源，应将相应机车中继阀座下方的中继阀列车管塞门 115 关闭。

三、中继阀自锁性能试验步骤

（一）任务路径

| 第一步 | 中继阀自锁性能试验 |
| 第二步 | 自锁状态下单独阶段制动、缓解性能试验 |

（二）任务具体步骤

步骤一：中继阀自锁性能试验

试验目的：检查电空制动控制器手把在重联位时（见图 1-6-4），中继阀能否实现自锁。

操作步骤：将电空制动控制器手把由"运转位"移至"制动位"，待制动管减压后再将手把移至"重联位",空气制动阀手把放置在"运转位"。

试验要求:列车管、均衡风缸应减压后保压(见图1-6-5)。

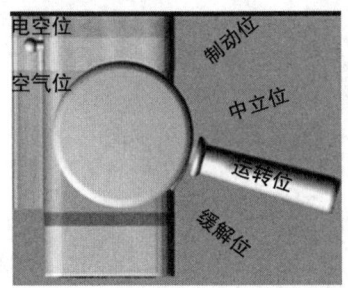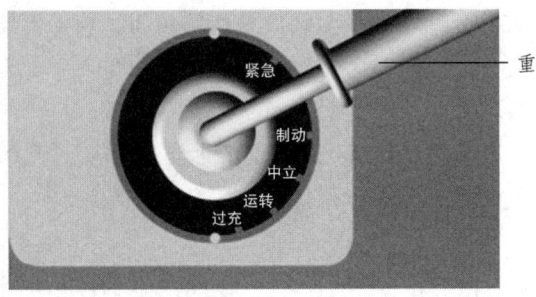

图 1-6-4 小闸(运转位)大闸(重联位)位置

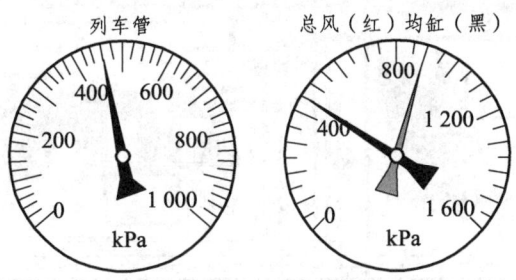

图 1-6-5 列车管、均衡风缸减压后保压

 理论链接 2
电空制动控制器手把在重联位作用原理(电空位)

1. 重联位时的得电路径(见图1-6-6)

(1)导线801(电源)→大闸1→导线811→大闸2→导线821→重联电空阀259YV得电,排风2电空阀256得电。

(2)导线821→二极管260→导线835→中立电空阀253YV得电。

(3)导线821→二极管264得电→导线800得电→制动电空阀257YV得电。

(4)其余电空阀及电动放风阀、中间继电器均失电。

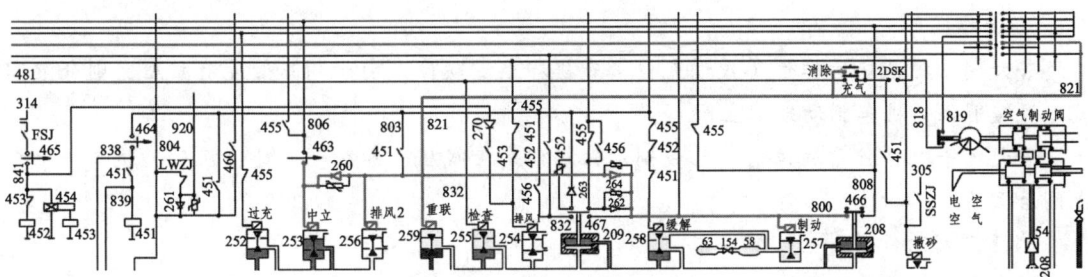

图 1-6-6 重联位时的得电路径

2. 重联位时的气路（见图 1-6-7）

（1）大闸重联位。重联电空阀有电，均衡风缸与列车管沟通，即均衡风缸→转换阀153→重联电空阀259下阀口→列车管，中继阀锁闭，制动电空阀257有电，机车处于保压状态。

（2）总风→157塞门→中立电空阀253下阀口→总风遮断阀左侧。

（3）过充风缸→排风2电空阀下阀口→大气。

（4）均衡风缸→转换阀153→缓解电空阀258上阀口→初制风缸。

（5）其余电空阀气路均被切断。

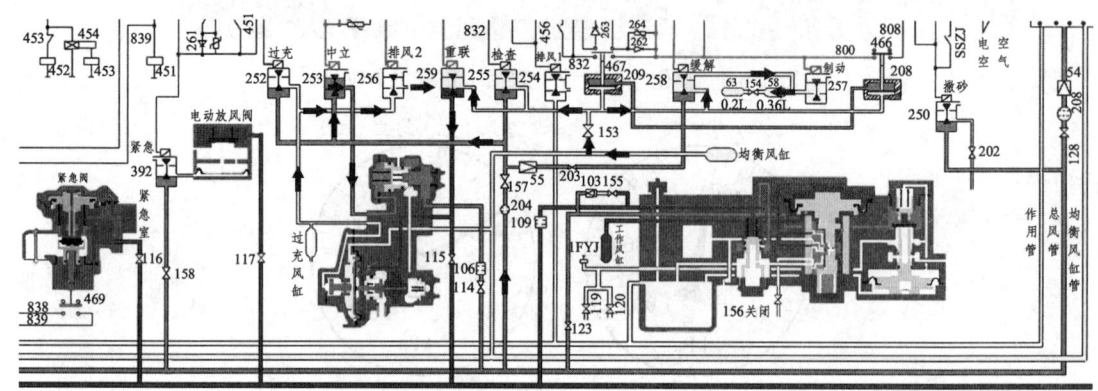

图 1-6-7　重联位时的气路

3. 重联位时主要阀类部件的作用

（1）中继阀。

由于总风压力空气充至总风遮断阀左侧，遮断阀口迅速关闭，总风遮断阀呈关闭状态，列车管风源被切断。同时由于重联电空阀已将中继阀主活塞两侧均衡风缸、列车管沟通，并且过充风缸及过充柱塞左侧压力空气排入大气，理论上主活塞两侧压力相等处于平衡状态，双阀口式中继阀锁闭无动作（相当于保压位）。

大闸在此位置，中继阀失去对列车管的控制作用。

（2）紧急阀与压力开关。

根据列车管的减压速度和减压量来决定所处作用位置。

（3）分配阀。

① 换端操作。

若大闸手把是从运转位（或过充位）直接移至重联位，由于列车管没有减压，则分配阀处充风缓解位，机车制动缸不上闸。

若大闸手把移放重联位前，已放制动位对列车管减压，则分配阀处保压位，机车制动缸上闸后保压。

② 重联补机。

分配阀主阀部与增压阀部受本务机车控制的列车管压力变化而改变作用位置。

分配阀均衡部根据制动机是否重联的两种工况，有不同的作用变化。

a. 无制动机重联装置的一般性重联。

由于重联补机的分配阀缓解塞门 156 已开放，其分配阀均衡部与主阀部的作用位置一致，即列车管缓解，分配阀主阀部、均衡部均呈充风缓解位，机车制动缸压力缓解。反之，列车管压力下降、分配阀主阀部、均衡部均呈制动位，机车制动缸压力上升，其制动缸压力值与列车管减压量大小有关。

b. 已安装制动机重联装置的重联。

因重联补机的分配阀缓解塞门 156 仍然关闭，而重联补机的作用管已通过制动机重联装置与本务机车制动缸相连，本务机车制动缸压力变化决定了重联补机的分配阀均衡部的动作与本务机车的分配阀均衡部的动作相同。

步骤二：自锁状态下单独阶段制动、缓解性能试验

试验目的：检查自锁状态下，阶段制动、阶段缓解是否稳定。

操作步骤：电空制动控制器手把放在重联位，空气制动阀手把位置操作与单独阶段制动、缓解性能试验的操作相同。

试验要求：本务机车制动缸压力 250 kPa 时，重联节机车制动缸压力应为 225～275 kPa。电路、气路、阀类部件的作用与阶段制动、缓解的情况一致。

四、项目实施

1. 劳动组织形式

每 5～6 名学生组成一个工作小组，各小组制订出实施方案及工作计划，组长协助教师参与指导本组学生学习，检查项目实施进程和质量，制订改进措施，共同完成项目任务。

2. 工具材料准备

（1）作业工具：电空制动控制器钥匙、手电筒。

（2）使用设备：DK-1 型制动机试验台。

3. 作业要求

（1）正确着装，穿戴好劳动防护用品。

（2）按照试验步骤完成试验，并注意观察各部件动作值是否符合试验要求。

（3）注意自身安全及他人安全，严禁违章作业。

（4）做好故障记录。

4. 项目评价

按时间、质量、安全、文明、环保要求进行考核。学生按照表 1-6-1 进行项目考核评分，先自评，在自评的基础上，由本组的同学互评，最后由教师进行总结评分。

DK-1 型电空控制动机检修试验

表 1-6-1　项目考核评价表

序号	项目要求	考核标准	考核结果
1	时间要求	不超过规定时间	（1）有一项不符合要求为不合格； （2）合格成绩为 60 分
2	质量要求	试验质量符合标准	
3	安全要求	符合安全操作规程	
4	文明要求	做到文明生产	
5	环保要求	试验过程符合环保要求	
6	项目拓展		20 分
7	项目作业		20 分
8	成　绩		

注：如出现重大安全、文明、环保事故，则本项目（单元）考核记为不合格。

任务七　辅助性能试验

一、任务及要求

掌握 SS_3 型 4000 系电力机车八步闸中的第七步闸的试验方法。
时间要求：2 课时。
质量要求：符合成都铁路局集团有限公司电力机车检修质量验收的相关标准和技术规程。
安全要求：严格按照安全操作规程进行项目作业。
文明要求：自觉按照文明生产规则进行项目作业。
环保要求：按照环境保护要求进行项目作业。

二、任务分析

对 DK-1 型电空制动机第七步辅助性能试验，主要用来检查它的检查按钮作用（用于判断列车折角塞门是否关闭）、电空联锁性能、断钩保护性能、失电制动性能等辅助性能是否合格。在完成"八步闸"中前六步后进行的第七步辅助性能试验。

三、辅助性能试验步骤

（一）任务路径

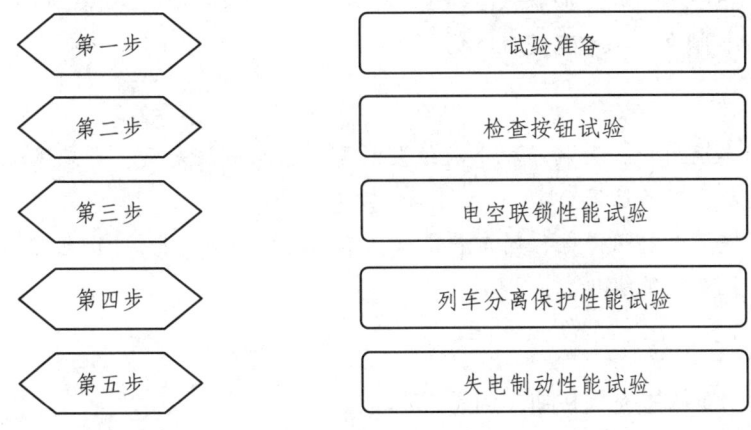

（二）任务具体步骤

步骤一：试验准备
试验目的：测定列车管是否获得定压 500 kPa（以货车位为例）。

操作步骤：空气制动阀（确保转换扳钮置于电空位）手把放置在运转位，电空制动控制器手把由重联位移向运转位（见图 1-7-1）。观察均衡风缸压力、列车管压力是否为定压 500 kPa、制动缸压力为 0。

试验要求：均衡风缸、列车管获得定压 500 kPa，制动缸压力为 0（见图 1-7-2）。

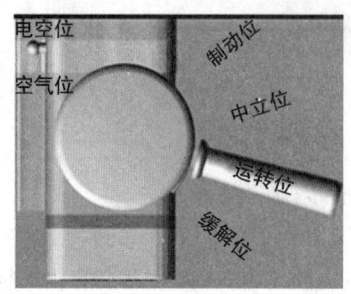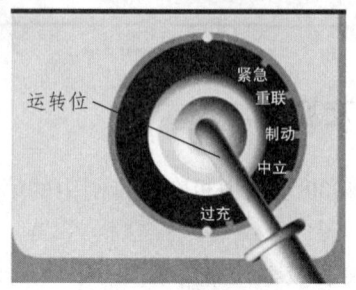

图 1-7-1　小闸（运转位）大闸（运转位）位置

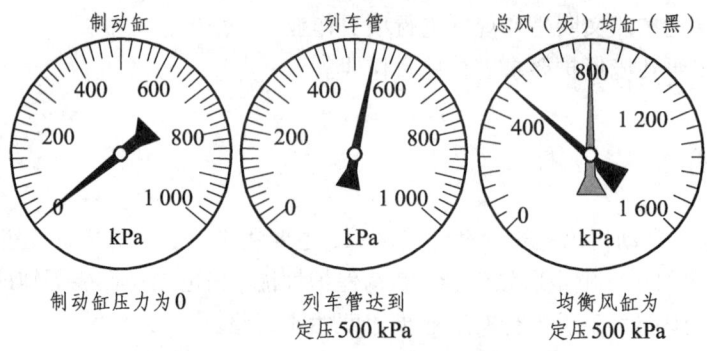

制动缸压力为 0　　列车管达到定压 500 kPa　　均衡风缸为定压 500 kPa

图 1-7-2　各压力指针表压力值

理论链接 1

电空制动控制器（大闸）在运转位的作用（电空制动机处于电空位，小闸处于运转位）

该位置是列车运用中，大闸手把常放位置，是向全列车初充风、再充风缓解列车制动以及列车正常运用所采用的位置。

运转位时，缓解电空阀得电，列车管充风，车辆缓解。同时排风 1 电空阀得电，分配阀容积室通大气，机车呈缓解状态。

步骤二：检查按钮性能试验

试验目的：（1）检查充气按钮作用是否正常。

（2）检查消除按钮作用是否正常。

操作步骤：（1）按压充气按钮（见图 1-7-3）。

（2）按压消除按钮（见图 1-7-3）。

试验要求：（1）按压充气按钮时，均衡风缸及列车管压力同时上升。

（2）按压消除按钮时，均衡风缸、列车管压力停止上升，并略有下降。

图 1-7-3　充气按钮与消除按钮

理论链接 2
检查按钮的作用

　　由于我国铁路运输的特殊情况及其他原因，运行中关闭折角塞门的现象时有发生，由此而引起的事故是极为严重的。检查按钮可用于检查列车管折角塞门是否关闭，确保列车行车安全。操作方法：按压"充气"按钮，待列车管压力超过定压 100 kPa 时，松开该按钮，同时改按"消除"按钮，直至列车管表针不下降为止。判别：在较短的时间内，列车管恢复定压，则列车管畅通，无关闭现象；在一定的时间内，列车管不能恢复定压（与定压差值越大，则关闭处离机车越近），应引起警惕，并视为列车管不畅通，中间折角塞门有关闭现象，应当采取必要措施，确保列车的安全。这种方法只能是定性地判别，且随牵引车辆数目变化而有所变化。

　　为什么从列车管过充量的消除与否能对列车管的开通与否做出判断呢？因为均衡风缸是一个定量容积，而列车管容积是随列车长度及开通状况变化而变化的，且容积远比均衡风缸大。当列车管表针显示过充压力 100 kPa 时，通过中继阀向列车管充气的时间很短，也即列车后部的列车管充气尚未进行（充气的初始形成了列车管在列车长度方向上的压力梯度）。一旦按压消除按钮，不仅充气作用消失，而且将均衡风缸与列车管沟通，中继阀呈闭锁状态。机车的均衡风缸过充量随列车的过充量向后衰减，衰减得快即可确认列车管畅通无阻，反之，则可怀疑列车管通路受阻。这种判别方法在使用时应注意：

　　（1）列车管过充量不宜过高，控制在 100 kPa 左右。

　　（2）在消除过程中，即便列车管通畅，由于受中继阀灵敏度影响，恢复到与定压完全一致也是不可能的，比定压高出 10 kPa 是正常现象。

　　（3）对于单机，由于列车管容积小，按消除按钮只要列车管略有下降即可认为该装置作用正常。

理论链接 3
按压充气按钮作用原理

1. 按压充气按钮时的得电路径（见图 1-7-4）

导线 803→主台板钮开关联锁 1DSK→充气按钮 481→检查电空阀 255 有电。

DK-1 型电空控制动机检修试验

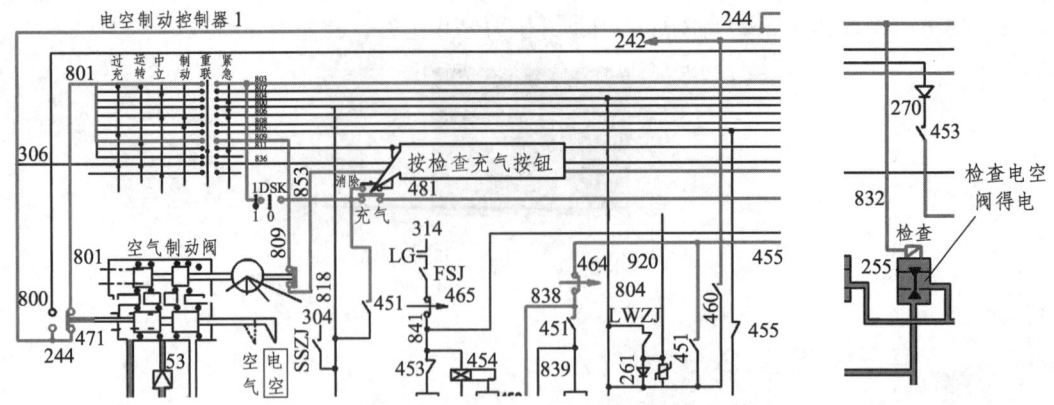

图 1-7-4 按压充气按钮的得电路径

2. 按压充气按钮时的气路（见图 1-7-5）

总风→检查电空阀 255 下阀口→均衡风缸，同时中继阀使列车管压力超过定压。

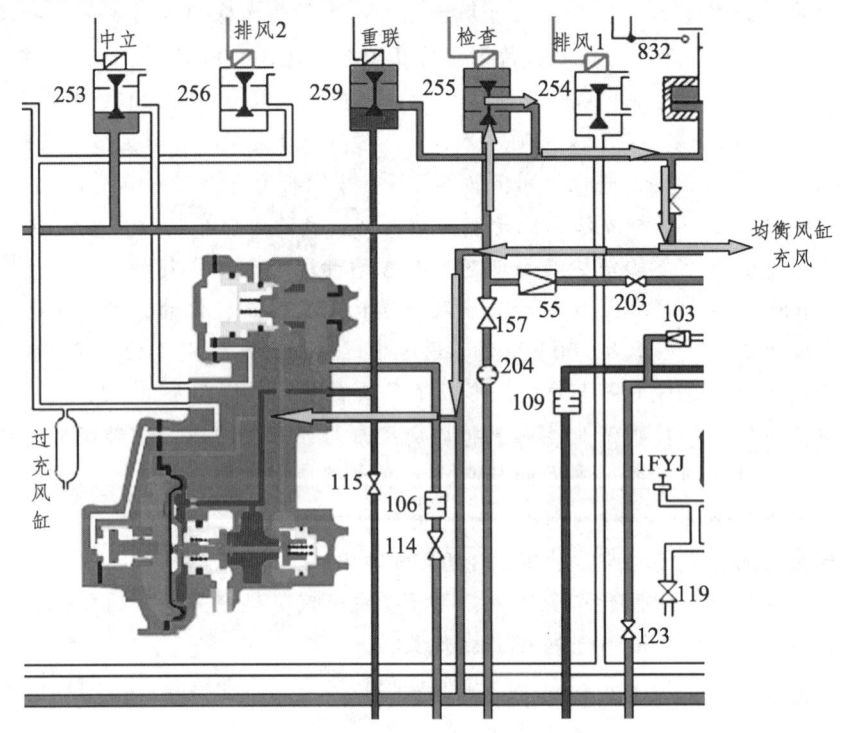

图 1-7-5 按压充气按钮的气路

理论链接 4
按压消除按钮的作用原理

1. 按压消除按钮时的得电路径（见图 1-7-6）

导线 803→主台板钮开关联锁 1DSK→消除按钮 483→导线 811→大闸 2→导线 821→重联

电空阀 259、中立电空阀 253 均得电。

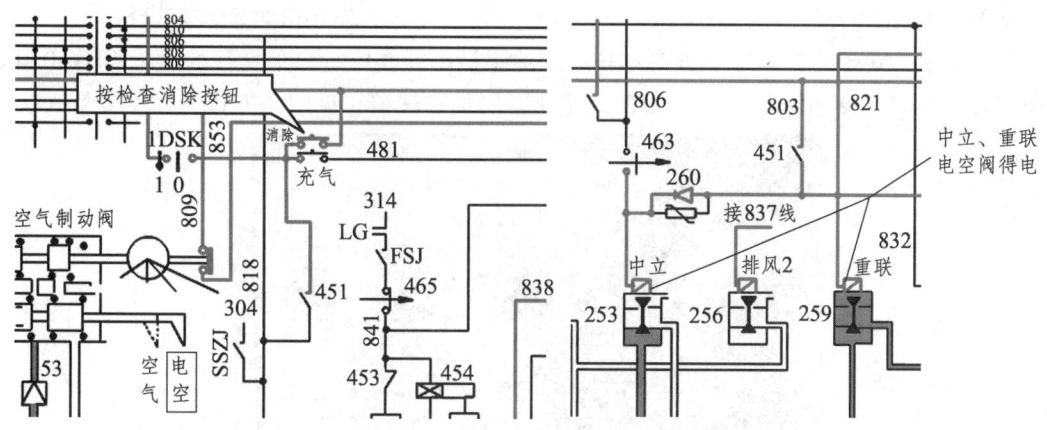

图 1-7-6　按压消除按钮时的得电路径

2. 按压消除按钮时的气路（见图 1-7-7）

均衡风缸→重联电空阀 259 下阀口→列车管→开通的折角塞门→后部车辆列车管。

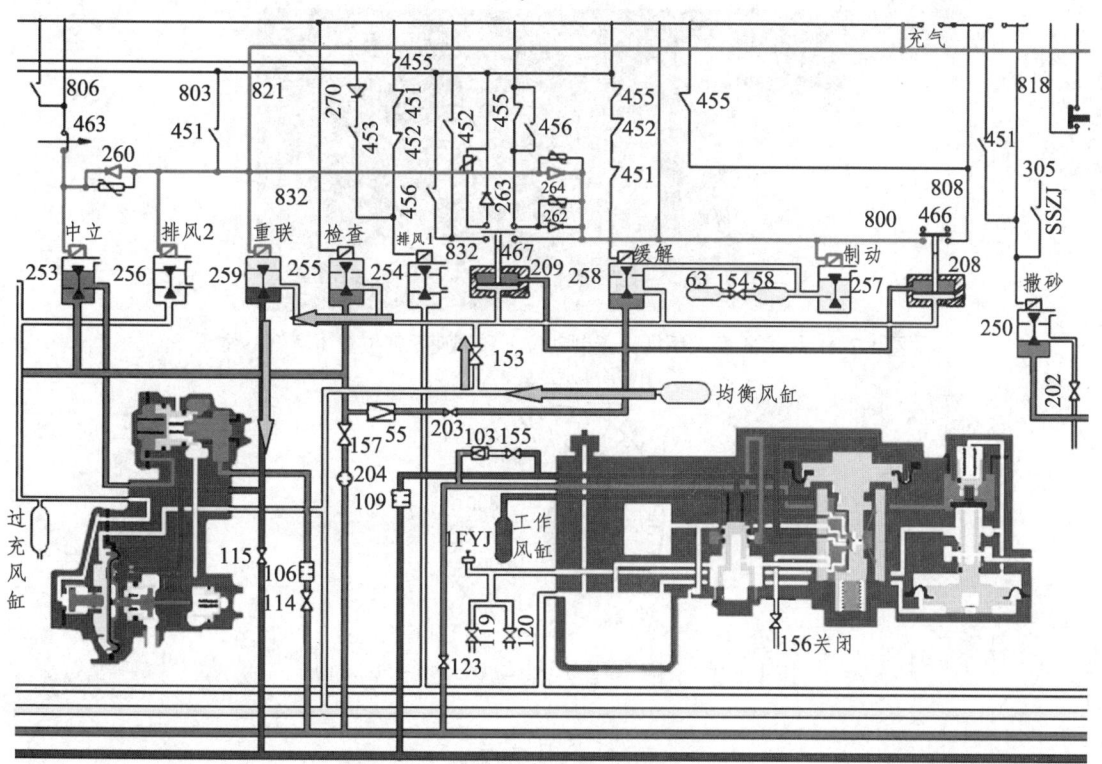

图 1-7-7　按压消除按钮时的气路

步骤三：电空联锁性能试验

试验目的：检查电制动与空气制动的协调配合是否正常。

操作步骤：制动机处于电空位，大闸处于运转位，且电动制动屏上开关板 502 上的电-空联锁选择钮子开关 465（见图 1-7-8）处闭合位，将司控器换向手柄置制动位，调速手柄离开

0位（见图1-7-9），观察列车管压力（见图1-7-10）自动减压40～50 kPa合格，观察制动缸压力（见图1-7-11）（升压延时20～28 s后，列车管恢复定压，制动缸自动缓解合格）。

试验要求：司控器换向手柄置制动位，调速手柄离开0位，列车管自动减压40～50 kPa，制动缸升压延时20～28 s后，列车管恢复定压，制动缸缓解（见图1-7-12）。

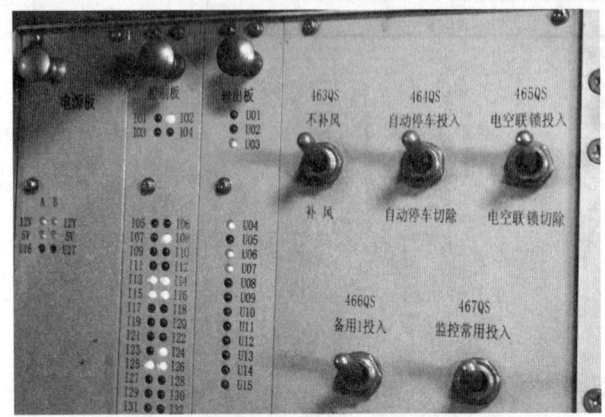

图1-7-8　钮子开关465位置（闭合位）

图1-7-9　司控器换向手柄（置制动位）和调速手柄位置（离开0位）

图1-7-10　列车管压力（自动减压40～50 kPa）

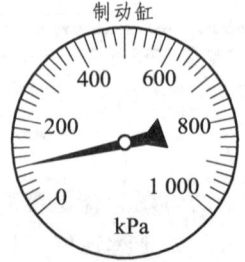

图1-7-11　制动缸压力（升压延时20～28 s）

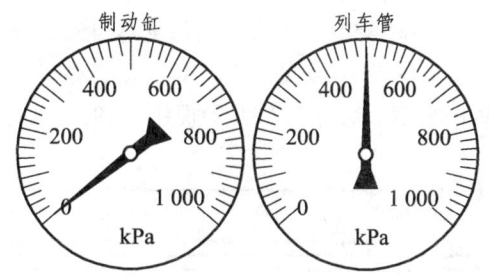

图 1-7-12　列车管恢复定压，制动缸自动缓解（28 s 后）

理论链接 5
电制动与空气制动的协调配合（电空联锁）功能原理

为使空气制动协调，并能充分利用动力制动功能，使列车安全而又经济地运行，KD-1 型机车电空制动机增添了电制动与空气制动的协调配合（即电空联锁）功能。由于各型机车电空联锁的作用与原理基本相同（仅部分代号、线号不同），下面仅以 SS_3 型为例介绍。

1. 动力制动前的自动轻微制动，经 25 s 后自动缓解

（1）作用。

为改善下坡曲线区段使用动力制动时对轨道横移的不良影响，保证运行安全可靠。当动力制动投入前能自动减压 40 kPa 左右的小减压量，使全列车轻微制动，作用一适当时间（需根据列车长度而定，目前牵引辆数在 40～60 辆时，暂定 25 s）后，该减压量自动消除。

（2）此时电空联锁的得电路径（见图 1-7-13）如下：

① 电源─→主控制器调速手柄 1SKT 离开 0 位（此时并不会给出励磁电流）─→导线 314─→LC 联锁─→钮子开关 465─→中间继电器 453 常闭联锁─→中间继电器 452 有电
　　　　　　　　　　　　　　　└→电子延时板 454─→中间继电器 453

延时 25 s 后中间继电器 453 常闭联锁 453 打开，使用中间继电器 452 失电恢复。

② 电源→主控制器换向手柄 1SKX 在制动位→导线 306→电空制动控制器→导线 836→中间继电器 452 常开联锁→导线 822（为制动电空阀 257 受电做准备，即一旦中间继电器阀 257 受电，控制均衡风缸的减压量），如图 1-7-14 所示。

③ 由于中间继电器 452 有电，其常闭联锁断开，使缓解电空阀 258 失电，排风 1 电空阀 254 失电，如图 1-7-14 所示。

（3）电空联锁的气路（见图 1-7-15～图 1-7-17）。

因缓解电空阀 258 失电，使均衡风缸经其上阀口 ┬→初制风缸
　　　　　　　　　　　　　　　　　　　　　　　└→制动电空阀 257 上阀口─→大气
　　　　　　　　　　　　　　　　　　　　　　　　　（一旦压力开关 209 动作，立即关闭此通路）

该作用只能使均衡风缸减压量有一个固定值，其值大小可以看作只受初制风缸容积的影响。不论列车管定压 500 kPa 或 600 kPa，保证减压量在 40～50 kPa。

同时排风 1 点空阀失电，机车制动缸压力能得到保压。

经延时25 s后，因中间继电器453有电使中间继电器452失电，其联锁相应恢复电空阀258、254及247的原有状态（即电空制动控制器运转位的正常状态）。同时初制风缸通大气，则为下一次均衡风缸减压做好准备（见图1-7-18和图1-7-19）。这样就完成了一次初制动的全过程。

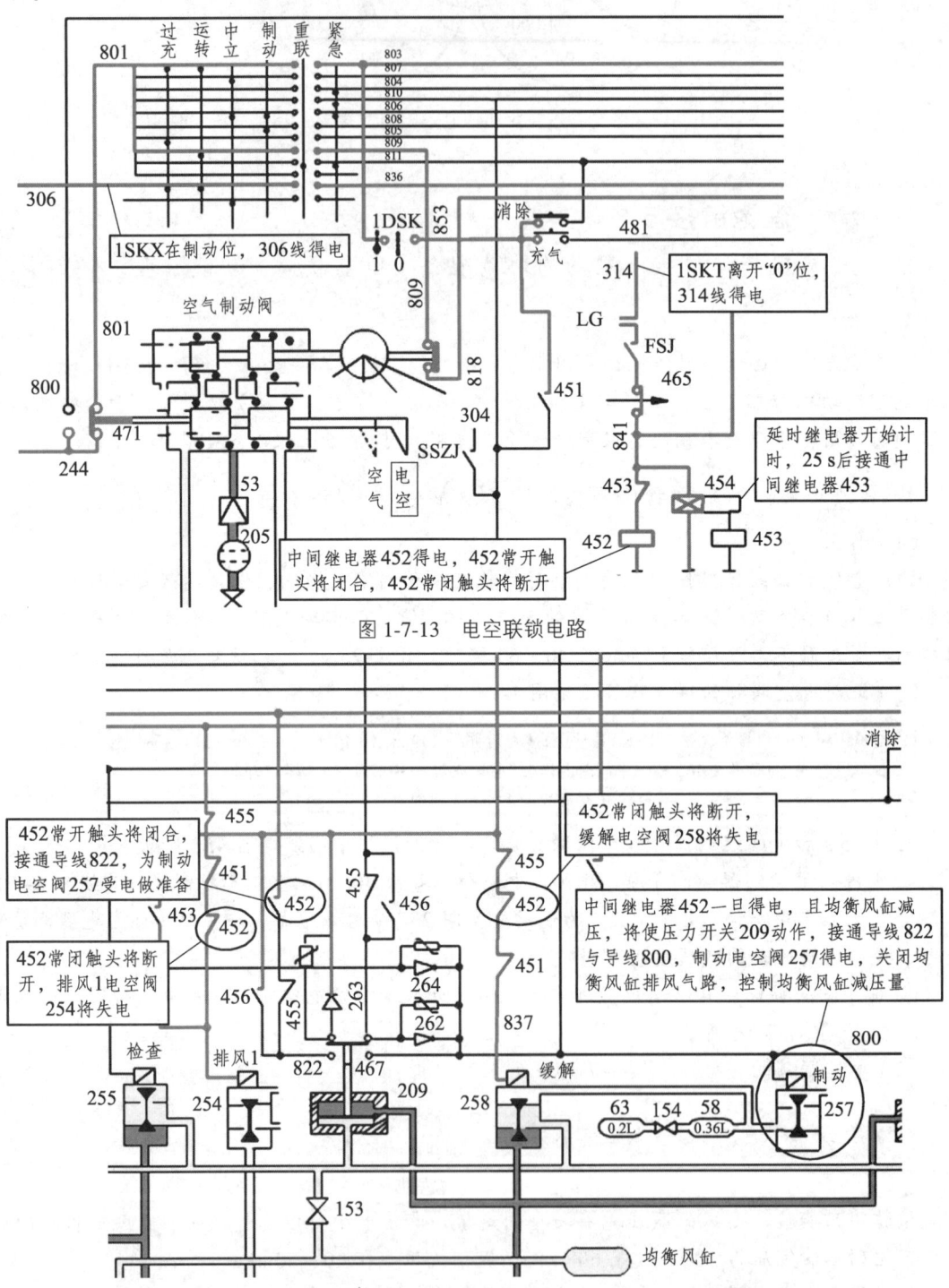

图1-7-13　电空联锁电路

图1-7-14　中间继电器452未得电时常开触头，常闭触头电路

项目一 DK-1型机车电空制动机检修试验

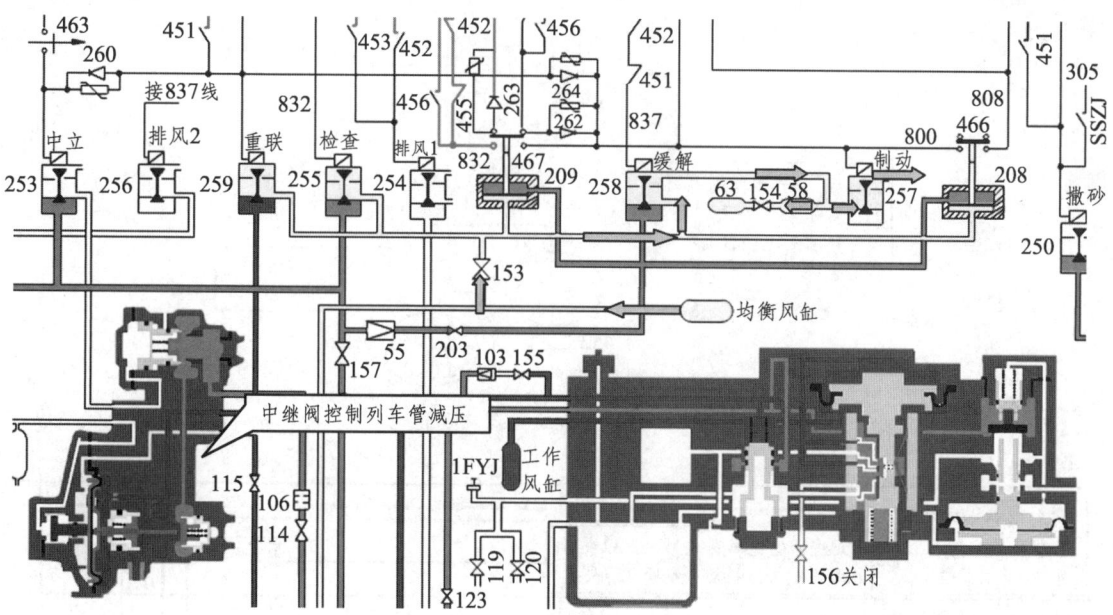

图 1-7-15 电空联锁-均衡风缸排风气路

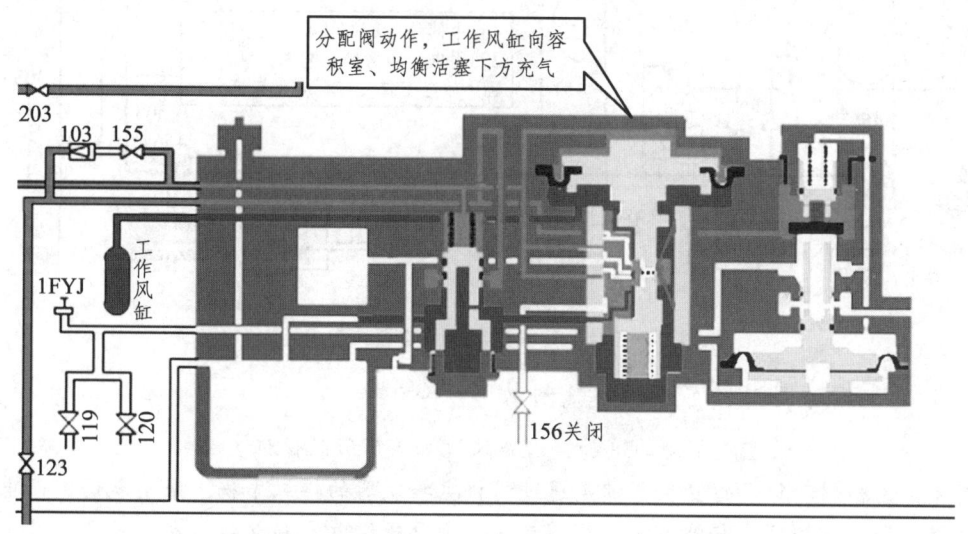

图 1-7-16 电空联锁-分配阀动作，机车产生制动力

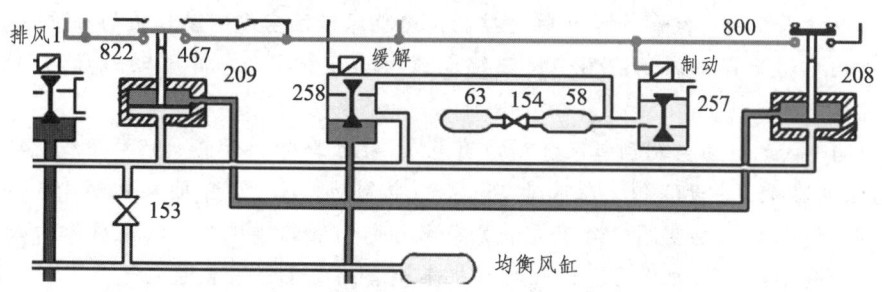

图 1-7-17 电空联锁-压力开关209动作，制动电空阀得电电路

DK-1 型电空控制制动机检修试验

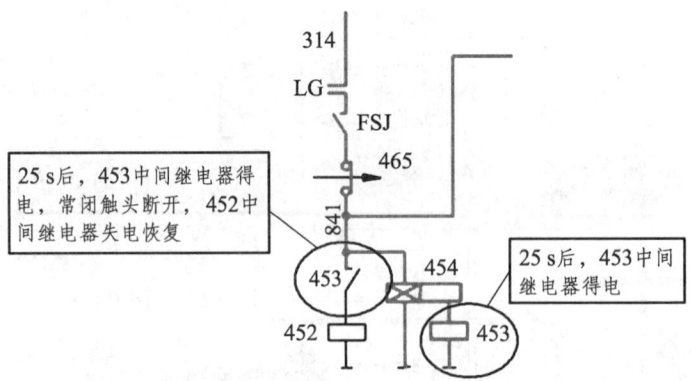

图 1-7-18　中间继电器 453 有电

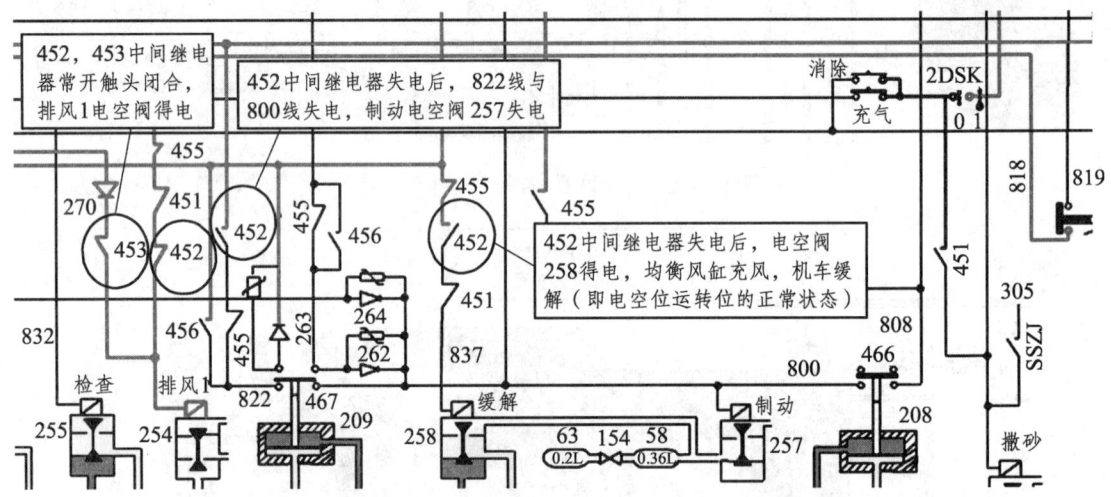

图 1-7-19　电空联锁-453 继电器得电电路

2. 动力制动不足时，可追加空气制动

前一性能并不影响空气制动的追加，这是通过如下环节来保证实施的。

因为上述初制动作用的发生，都是通过司机主控制器的操纵手柄上来实现的，而电空制动控制器仍处于运转位。当要追加空气制动时，则要操纵电空制动器，也就是移动其手柄位置。则导线 306 与 836（只有在运转位及缓解位连通）被断开，制动电空阀 257 就无法受电，同时相应的电空阀只受电空制动控制器的控制，这就保证了空气制动作用的独立性。

通过下述电路来保证该性能不受风压继电器 1FYJ 整定值机车制动缸压力 150 kPa 的控制：

导线 314（因此时为电制动工况，所以有电）→LC 联锁→开关 465→导线 841→二极管 270→中间继电器 453 常开联锁（在延时 25 s 后，电制动工况下，中间继电器 453 得电）→排风 1 电空阀 254 得电。电空阀 254 有电，则开放了作用管的排风口。均衡风缸的减压引起列车管减压，全列车产生制动作用，但此时对机车而言，由于作用管通大气，容积室瞬间压力不可能达到 150 kPa，也即制动缸的压力绝不会使风压继电器 1FYJ 动作。这样在电制动工况下，补充车列的空气制动，既简化操纵手续，又安全可靠。

开关 465 的设置,主要是考虑不同运行区段使用电制动的要求有所不同,故不做硬性规定,根据运行需要及效果而有所选择。另外在其相应的电路故障而影响正常运行时,可进行切除。

步骤四:列车分离保护性能试验

试验目的:检查 DK-1 电空制动机列车分离保护性能是否正常。

操作步骤:拉手动紧急放风阀(见图 1-7-20),观察制动缸压力(见图 1-7-21),应升至 450 kPa,并不自动缓解。

试验要求:拉手动紧急放风阀,应产生紧急制动,并不得自动缓解。

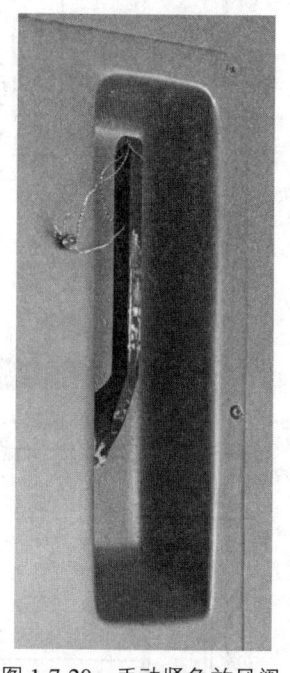

图 1-7-20 手动紧急放风阀

图 1-7-21 制动缸压力(450 kPa)

理论链接 6
列车分离保护原理

列车分离保护(断钩保护),即列车在运行中,一旦断钩或其他原因使列车分离,除立即产生全列车各分离的紧急制动作用外,机车制动还应自动切除列车管的风源,并自动保持紧急制动作用,确保分离体能迅速安全停车。

由于列车的分离,必然会因为列车管软管的破损而大排风,导致列车管压力急剧下降,引起紧急阀动作排风,列车分离保护即利用紧急阀下部附加的电联锁产生相应的保护作用。

由于列车管压力急剧下降,紧急阀处于紧急制动位,紧急活塞下移并压下夹心阀,开放列车管排风阀口,加速列车管的排风,同时传递杆下移顶动微动开关改变电路,使导线 838 与导线 839 连通,断钩保护电路产生作用。下面以 SS_3 型机车为例介绍列车分离保护。

1. 列车分离保护的得电路径（见图 1-7-22）

导线801→大闸1→导线803→钮子开关464→

导线838 → 紧急阀95SA / 451常开联锁 → 导线 → 中间继电器451

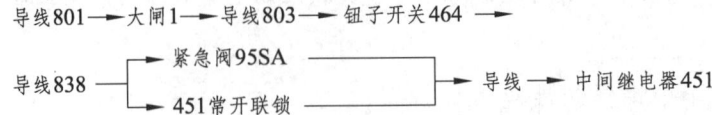

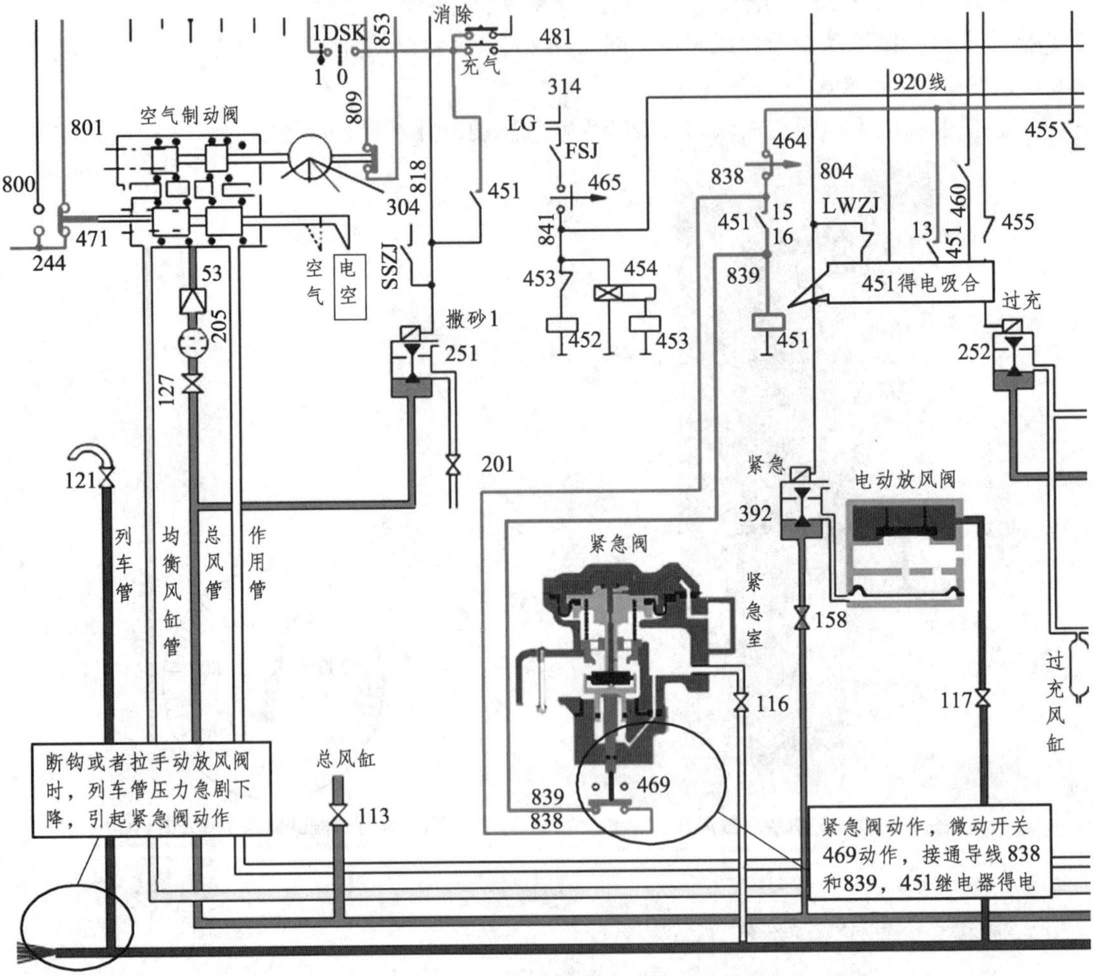

图 1-7-22　列车分离保护的得电路径

得电并自锁，产生如下电路（见图 1-7-23 和图 1-7-24）转变：

（1）如为 SS_3 型机车，则导线 801→大闸 1→导线 803→1DSK→导线 853→中间继电器 451 常开联锁→导线 810→撒砂电空阀 251 得电。

（2）如为 SS_3 型机车（见图 1-7-25 和图 1-7-26）则

导线803 →
- 中间继电器451常开联锁 → 导线804 → 电动放风阀上紧急电空阀392得电
- 中间继电器451常开联锁 →
  - 二极管260 → 中立电空阀253得电
  - 重联电空阀259得电
  - 排2电空阀256得电
  - 二极管264 → 制动电空阀257得电

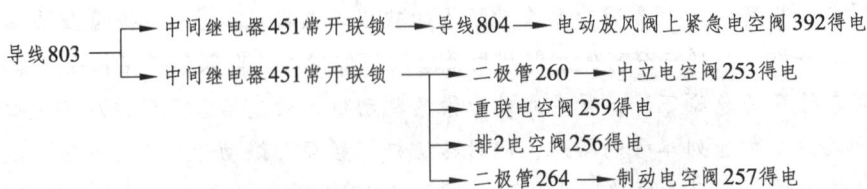

（3）中间继电器451的常闭联锁断开，切断了运转位或过充得电的缓解电空阀258，排风1电空阀254电源，使它们失电（见图1-7-27）。

（4）其余未说明电空阀，中间继电器均处失电状态。

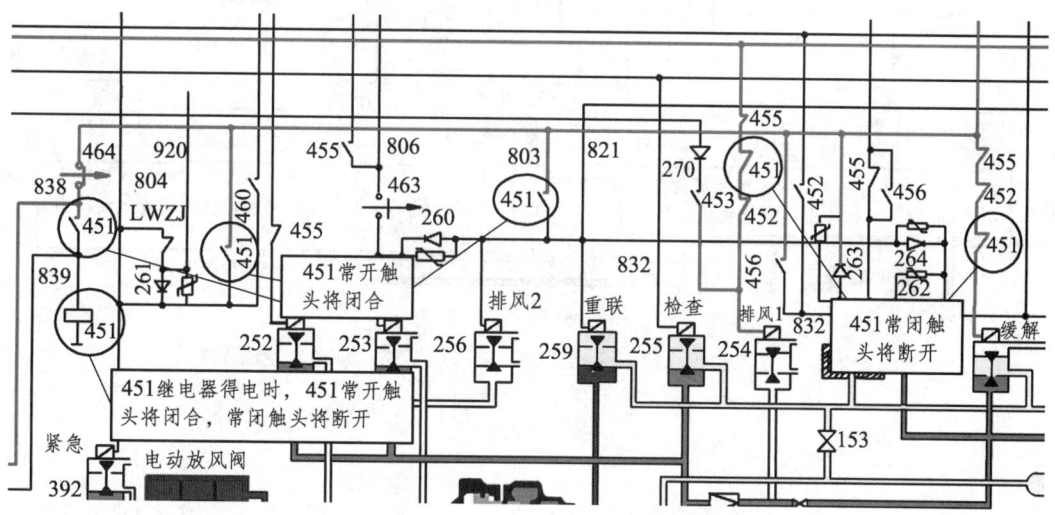

图1-7-23　451继电器得电自锁电路

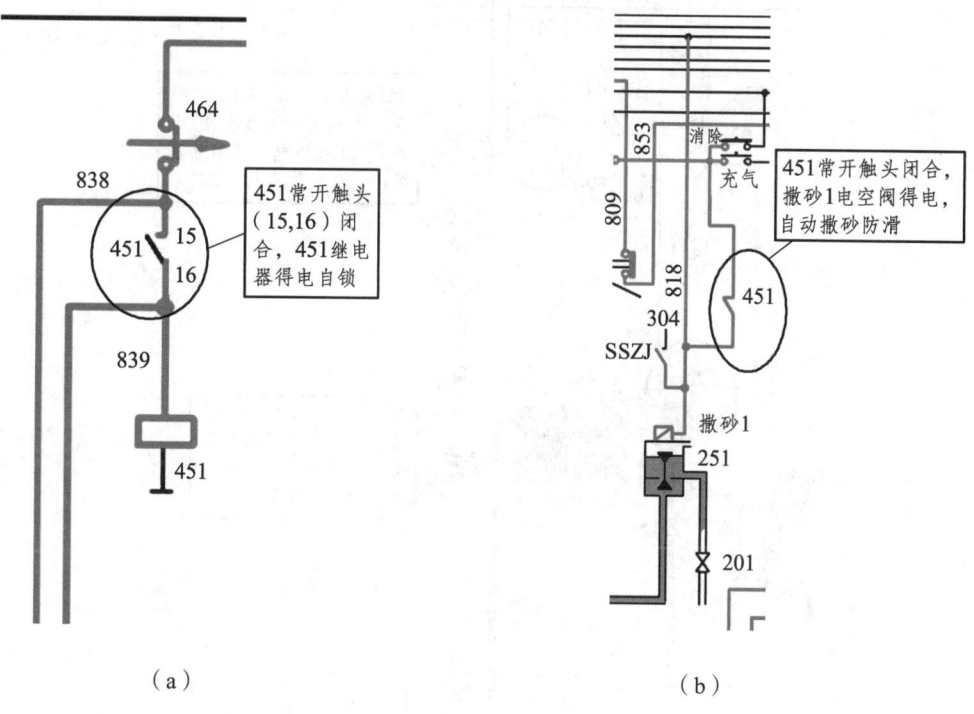

(a) 　　　　　　　　　　　(b)

图1-7-24　451继电器得电自锁及撒砂电空阀251得电电路

DK-1 型电空控制制动机检修试验

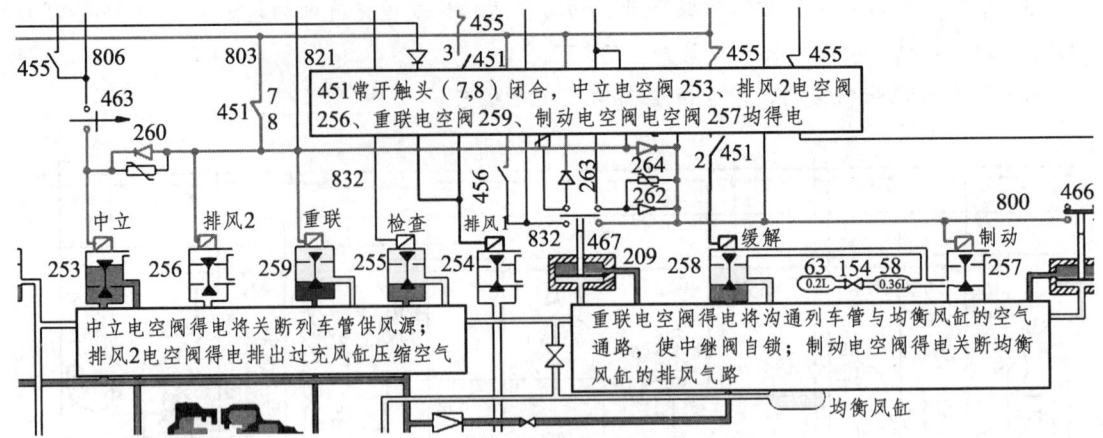

图 1-7-25　中立电空阀、排风 2 电空阀、重联电空阀、制动电空阀得电电路

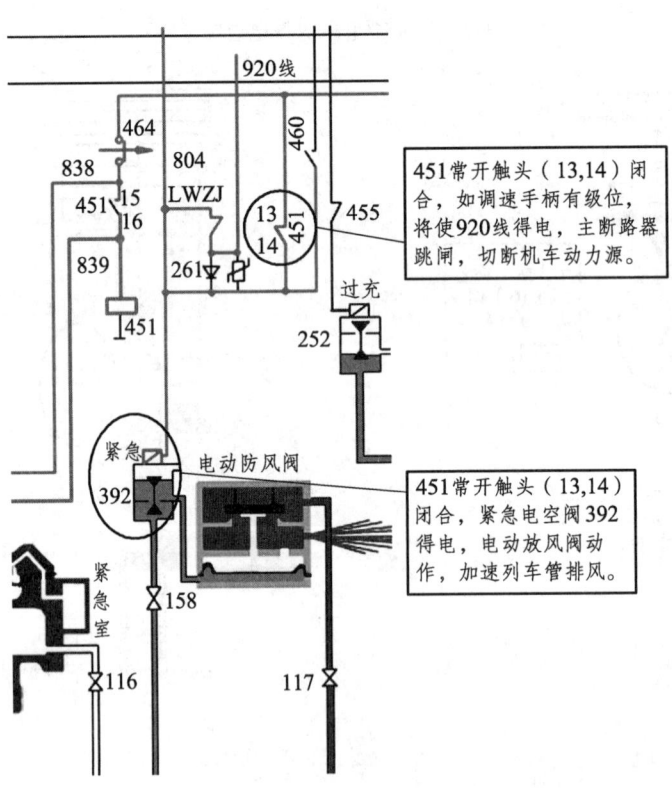

图 1-7-26　电动放风阀上紧急电空阀 392 得电电路

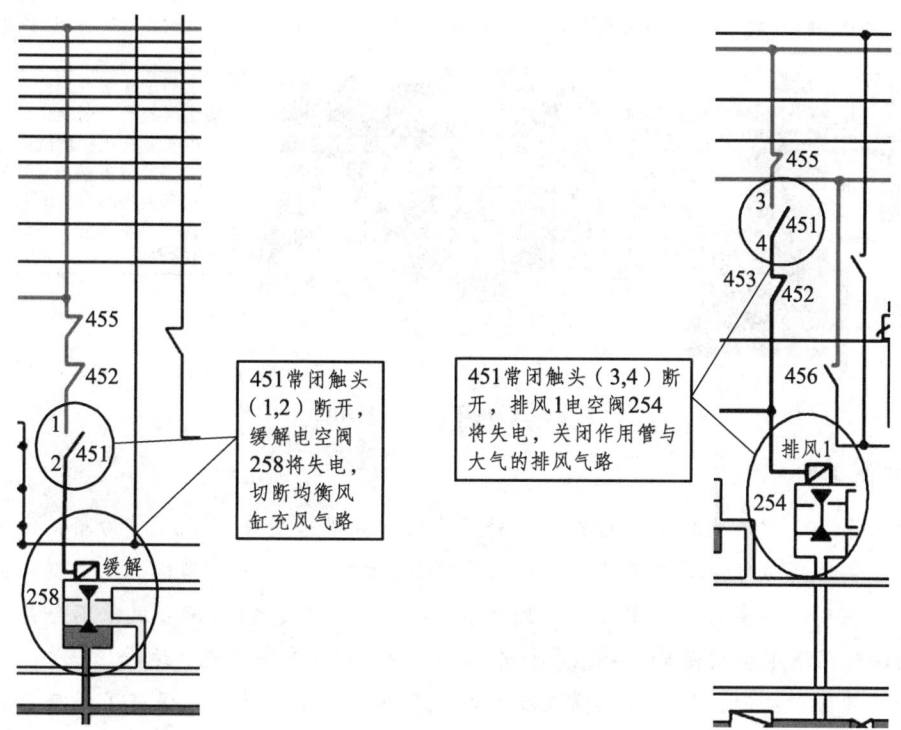

图 1-2-27　缓解电空阀、排风电空阀失电电路

2. 气路与主要阀类部件

（1）撒砂电空阀得电，机车撒砂。

（2）电动放风阀上紧急电空阀 392（94YV）得电，总风通过其下阀口进入放风阀橡皮膜下方，膜板上凸，带动顶杆顶开夹心阀，电动放风阀阀口开启，加速列车管排大气通路。

（3）中立电空阀 253（253YV）得电，总风通过其下阀口进入总风遮断阀活塞左侧，遮断阀口迅速关断呈关闭状态，列车管的供风源被切断。

（4）重联电空阀 259（259YV）得电，均衡风缸与列车管通过其下阀口沟通，即中继阀主活塞两侧压力空气沟通，双阀口式中继阀呈自锁状态。

（5）排 2 电动风 256 得电（256YV 失电），过充风缸压力空气通过其下阀口（上阀口）快速排入大气，即使双阀口式中继阀的过充柱塞左侧通大气，保证双阀口式中继阀的正确锁闭。

（6）缓解电空阀 258（258YV）失电，其下阀口关闭了均衡风缸充风通路。

（7）排 1 电空阀 254（254YV）失电，其下阀口关闭了作用管排气口，作用管保压。

（8）制动电空阀 257（257YV）得电，关断均衡风缸排风气路。

（9）分配阀主阀部处制动位（见图 1-7-28），工作风管缸向容积室充风；增压阀部处于开放位，总风直接向容积室充风动作，限制容积室压力 450 kPa；均衡部处制动位，总风向制动缸充风，当制动缸压力与容积室压力相同，达 450 kPa 时，均衡部处制动保压位。

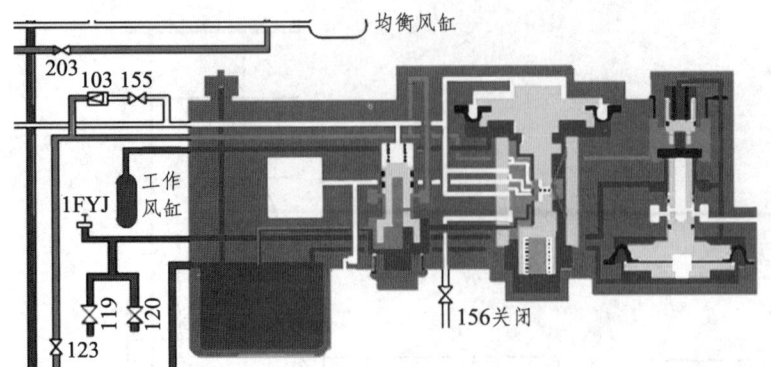

图 1-7-28 机车分配阀制动位

3. 其他说明

由于导线 803 只在大闸处于过充、运转位有电，如果采用导线 803 作为断钩保护电源，当大闸施行常用制动时就不可能产生钩断保护作用。特别是在 DK-1 型机车电空制动机处于制动补风位，在列车分离时，如果大闸正处于制动位或中立位，则列车管风源不会自动切除，紧急制动的作用下不会被保持，SS_{4G} 型机车采用导线 813（大闸过充、运转、中立、制动位有电）作为断钩保护电源，使得大闸常用制动时也具备断钩保护功能，保证了列车分离后的断钩保护作用完全可靠。

断钩保护电路的正常解锁一定要在紧急阀动作完毕恢复到充气位（约 15 s 以上），即紧急阀下部附加的电联恢复到正常位后，再将大闸手把移放到中立位（以导线 803 为断钩保护电源的 SS_3 型机车）或重联位（以导线 813 为断钩保护电源的 SS_{4G} 型机车）即可解锁。

步骤五：失电制动性能试验

试验目的：检查 DK-1 电空制动机大闸失电制动性能是否正常。

操作步骤：

（1）切断电空制动电源（见图 1-7-29），观察列车管压力（见图 1-7-30），按照常用减压速度下降，制动缸压力应上升；

（2）闭合电源（见图 1-7-31），制动机恢复正常，制动缸自然缓解。

试验要求：切断电空制动电源，应产生常用制动；闭合电源，制动机恢复正常。

图 1-7-29　电空制动电源开关　　图 1-7-30　7-18b 制动缸压力（应上升），列车管压力（应下降）

项目一　DK-1型机车电空制动机检修试验

图 1-7-31　闭合电源后，制动机恢复正常（制动缸自然缓解）

四、项目实施

1. 劳动组织形式

每5~6名学生组成一个工作小组，各小组制订出实施方案及工作计划，组长协助教师参与指导本组学生学习，检查项目实施进程和质量，制订改进措施，共同完成项目任务。

2. 工具材料准备

（1）作业工具：制服、电空制动控制器钥匙、手电筒。

（2）使用设备：DK-1型制动机试验台。

3. 作业要求

（1）正确着装，穿戴好劳动防护用品。

（2）按照试验步骤完成试验，并注意观察各部件动作值是否符合试验要求。

（3）注意自身安全及他人安全，严禁违章作业。

（4）做好故障记录。

4. 项目评价

按时间、质量、安全、文明、环保要求进行考核。学生按照表1-7-1进行项目考核评分，先自评，在自评的基础上，由本组的同学互评，最后由教师进行总结评分。

表 1-7-1　项目考核评价表

序号	项目要求	考核标准	考核结果
1	时间要求	不超过规定时间	（1）有一项不符合要求为不合格； （2）合格成绩为60分
2	质量要求	试验质量符合标准	
3	安全要求	符合安全操作规程	
4	文明要求	做到文明生产	
5	环保要求	试验过程符合环保要求	

续表

序号	项目要求	考核标准	考核结果
6	项目拓展		20分
7	项目作业		20分
8	成　绩		

注：如出现重大安全、文明、环保事故，则本项目（单元）考核记为不合格。

任务八　空气位试验

一、任务及要求

掌握 SS_3 型 4000 系电力机车八步闸中的第八步闸的试验方法。
时间要求：2 课时。
质量要求：符合成都铁路局集团有限公司电力机车检修质量验收的相关标准和技术规程。
安全要求：严格按照安全操作规程进行项目作业。
文明要求：自觉按照文明生产规则进行项目作业。
环保要求：按照环境保护要求进行项目作业。

理论链接 1

凡是新造或者修理的 DK-1 型制动机必须经过试验台测试，确认合格后方可装车使用。DK-1 型电空制动机试验分为装车前试验和装车后试验。装车前试验是在 DK-1 型电空制动机试验台上进行性能检查。装车后试验通常是在单机上试验，主要包括检修试验（即"八步闸"试验）和日常试验（即"五步闸"试验）。

二、任务分析

DK-1 型电空制动机第八步空气位试验，主要用来检查 DK-1 型电空制动机的空气位时，小闸代替大闸的控制性能。在完成"八步闸"中前七步后进行第八步空气位试验。

三、空气位试验步骤

（一）任务路径

第一步	小闸置缓解位并下压时各压力值的检查
第二步	制动后中立位试验

DK-1 型电空控制动机检修试验

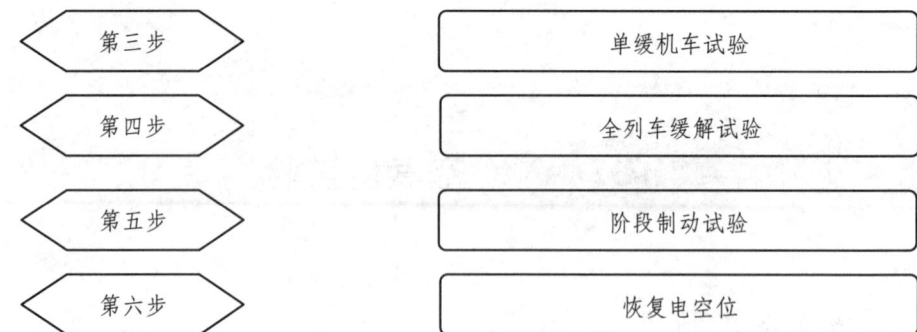

（二）任务具体步骤

步骤一：小闸缓解位并下压时各压力值的检查

操作步骤：

（1）操纵机车空气制动阀上的电空转换扳钮移至"空气位"，并将手把移至缓解位，同时下压手把（见图 1-8-1）。

（2）操纵机车空气制动阀下方调压阀 53（见图 1-8-2）的输出压力值调整为定压（500 kPa 或 600 kPa）。

（3）电空制动屏柜上的转换阀 153 由"正常位"转换至"空气位"（见图 1-8-3）。本项操作，在一般的机能检查时可不必进行。但在运行途中，必须转为空气位操作时，应全部完成上述三项操作，以确保顺利转换。

（4）观察均衡风缸压力和列车管压力是否为定压 500 kPa、总风缸压力是否为 900 kPa、制动缸压力为 0（见图 1-8-4）。

试验要求：

（1）总风缸：750～900 kPa。

（2）均衡风缸：定压 500 kPa。

（3）制动管：定压 500 kPa（允许与均衡风缸压力差不大于 10 kPa）。

（4）制动缸：0 kPa。

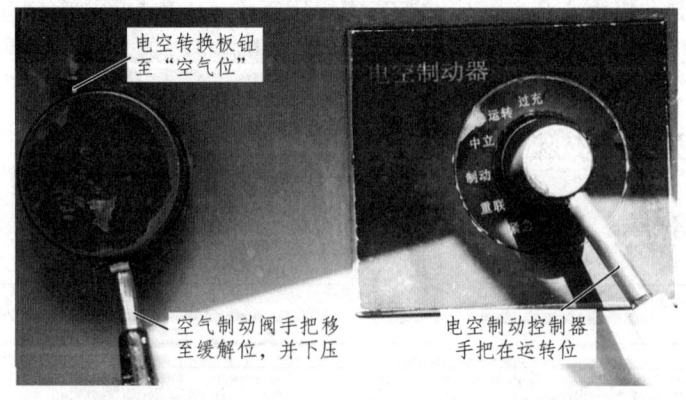

图 1-8-1　空气制动阀（小闸）缓解位、电空制动控制器（大闸）运转位位置

项目一　DK-1 型机车电空制动机检修试验

图 1-8-2　调整调压阀 53 的整定压力值

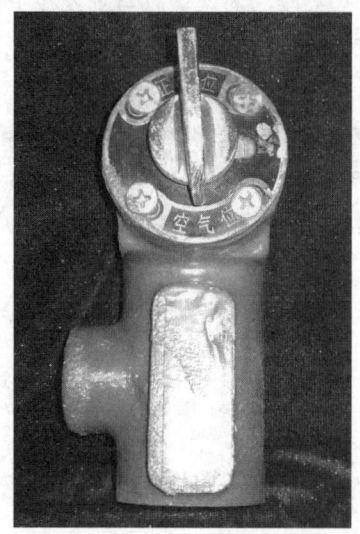

图 1-8-3　153 转换阀转换至"空气位"

图 1-8-4　均衡风缸压力、列车管压力、总风缸压力

理论链接 2
设置空气位的作用

为确保安全运行，DK-1 型电空制动机设置"空气位"。空气位只是作为"电空位"故障后的一种应急补救操纵措施，以免在区间途停而影响线路的正常运行。正因如此，在该位操纵时，不具备"电空位"操纵时那样齐全的性能，而只保证能控制全列车的制动和缓解的基本功能。

对于空气位的功能，自 DK-1 型制动机问世以来，一直有不同的看法：一种是希望空气位功能齐全，使它能像电空位那样"全天候"使用；另一种则认为既是应急措施，则只需具备制动机的最基本性能——制动和缓解，且转换操作简易方便即可。上述认识的分歧基于电-空环节的可靠性和掌握程度，若"全天候"的空气位与电空位并存，则电空制动机将不复存在。DK-1 型机车电空制动机就是在稳定的电源和可靠的电器基础上产生的。然而作为安全的后备措施，设置具备制动机的基本性能的空气位是必要的。

"空气位"操纵，也就是用空气制动阀来操纵全列车的缓解、制动和保压作用。在运行中，万一电-控系统出现故障，司机只需将设置在空气制动阀左侧的转换手把由"电空位"向后扳至"空气位"，转换柱塞除转换相应的空气通路外，还带动相应的电联锁，使电空制动控制器断电失控。同时调整调压阀 53，由整定压力 300 kPa 调至列车管定压 500（600）kPa。一般情况下即可由空气制动阀操纵全列车的制动及缓解作用。

理论链接 3
空气位的得电情况（见图 1-8-5）

空气位下的得电情况如下：

在电路上由于原有的电空制动电源→导线 801 的电路已被切断，使"大闸"失去操纵作用。

电空制动电源→导线 800 的电路的接通，制动电空阀得电关闭了均衡风缸排大气口，使得均衡风缸只受"小闸"控制。

其他电空阀因无法得电，均无法控制气路的变化。

在气路上由于空气制动阀转换柱塞的移位，开通了均衡风缸的通路，关闭了作用管的通路，从而实现"小闸"能控制均衡风缸的压力变化，也就实现了对全列车的控制。空气制动阀在"空气位"只有三个作用位置：缓解位、中立位及制动位。而原运转位与中立位作用完全相同，均为中立位。

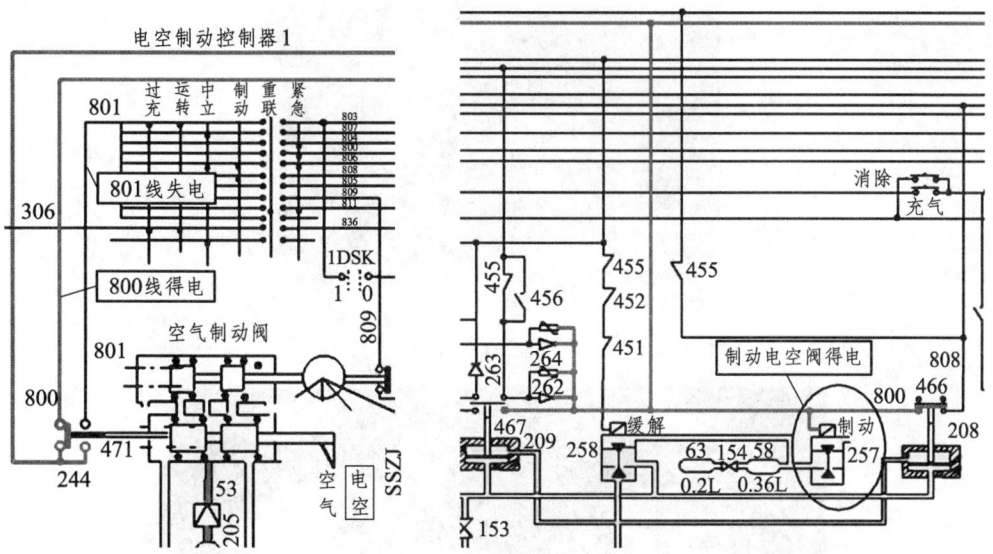

图 1-8-5　空气位的得电情况

步骤二：制动后中立位试验

试验目的：测定全列车制动作用及保压性能。

操作步骤：

（1）小闸手把移至制动位，观察均衡风缸压力、制动缸压力并计量作用时间（见图 1-8-6）。

空气制动阀手把位置——制动位

制动缸压力由0升至340~380 kPa
的时间为6~8 s

均衡风缸减压140 kPa
的时间为5~7 s

图 1-8-6　小闸手把位置及各压力值

（2）待均衡风缸压力减压 140 kPa 后，将小闸手把移至中立位（见图 1-8-7）。

DK-1 型电空控制动机检修试验

空气制动阀手把位置图——中立位

制动缸压力由0升至340~380 kPa
的时间为6~8 s，且能保压

图 1-8-7　小闸手把位置及各压力值

试验要求：均衡风缸减压 140 kPa 的时间为 5~7 s；制动缸压力升至 340~380 kPa 的时间为 6~8 s。

 理论链接 4

空气制动阀在"空气位"制动位的作用原理

1. 作　用

控制全列车的调速或制停，相当于"大闸"的制动位。"小闸"手把在该位置停留时间，控制着列车管的减压量。它与中立位配合使用可实现列车管常用阶段减压。该位长时间停留，可使列车管压力减至零，这点在使用操纵时应特别注意。

2. 气　路

（1）空气制动阀。

由于手把的转动，带动作用凸轮，作用柱塞在弹簧作用下右移，开放了均衡风缸与大气的通路，均衡风缸压力空气经作用柱塞尾部的缩孔通大气，均衡风缸减压。

（2）中继阀。

由于均衡风缸压力下降，使双阀口中继阀呈制动位，列车管压力也随之下降。但总风遮断阀仍处于开放状态。

（3）分配阀。

由于列车管压力下降，主阀部处制动位，工作风缸向容积室充风，容积室压力上升，均衡部处制动位，开放总风缸与制动缸通路，机车制动缸增压。

理论链接 5
空气制动阀在"空气位"中立位的作用原理

1. 作　用

全列车制动前的准备及制动后的保压。此位相当于"大闸"的中立位，但中继阀的总风遮断阀能对列车管补风，这点在使用操纵时应特别注意。

2. 气　路

（1）空气制动阀。

全部通路均不通。由于空气位操纵时，其电联锁已失去作用，因此在电空位时的运转位与中立位不存在差异，即空气位时的运转位与中立位功能完全相同。

（2）中继阀与分配阀均处在保压位。

步骤三：单缓机车试验

试验目的：测定单独缓解机车性能。

操作步骤：空气制动阀手把至"中立位"，并下压手把，制动缸压力应能缓解；停止下压制动缸压力停止下降（见图 1-8-8）。

试验要求：制动缸压力应能缓解，停止下压手把制动缸压力停止下降。

下压空气制动阀手把时，制动缸压力应能缓解；停止下压空气制动阀手把时，制动缸压力停止下降

图 1-8-8　单独缓解机车性能时制动缸压力值

步骤四：全列车缓解试验

试验目的：测定全列车缓解性能。

操作步骤：将空气制动阀手把移至"缓解位"，观察均衡风缸与列车管压力变化，应能升至定压 500 kPa（见图 1-8-9）。

试验要求：均衡风缸、列车管恢复定压。

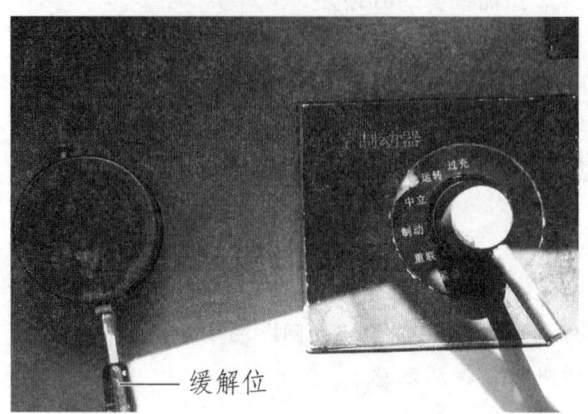

缓解位

均衡风缸与列车管压力
能升至定压 500 kPa

图 1-8-9　小闸缓解位置及均衡风缸压力值

理论链接 6
空气位小闸缓解位原理

1. 作　用

全列车的缓解位置与"大闸"的运转位相当，但机车不能缓解，要缓解机车，需下压手把才能实现。

2. 气　路

（1）空气制动阀。

由于手把的转动，带动作用凸轮推动作用柱塞左移，气位各由调压阀 53（调整压力为列车管定压）→作用柱塞凹槽、转换柱塞的固定凹槽→均衡风缸。均衡风缸压力上升，直至列车管定压。

（2）中继阀。

由于均衡风缸压力上升，使中继阀处缓解位，列车管压力也开始上升，直至列车管定压。

（3）分配阀。

由于列车管压力上升，主阀部呈充风缓解位，工作风缸充风。但均衡部因作用管无法排大气通路，呈保压位，机车制动缸不能缓解。只有当下压把手时，空气制动阀的排风被顶开，开通了作用管与大气的另一通道，使均衡部处缓解位，制动缸才能缓解。

步骤五：阶段制动试验

试验目的：测定阶段制动性能。

操作步骤：将小闸手把在"制动位"与"中立位"间移动两个来回，观察均衡风缸、列车管、制动缸压力表，均衡风缸、列车管逐段减压，制动缸压力逐段上升，阶段制动作用性能应稳定（见图1-8-10）。

试验要求：阶段制动作用应稳定。

图 1-8-10　阶段制动性能稳定

步骤六：恢复电空位

操作要求：步骤1至步骤5是针对空气位的操作，应按操作规程由电空位转至空气位。待试验完毕后，应恢复电空位。

 理论链接 7
空气位操纵注意事项

使用空气位操纵制动机时应注意如下事项：

（1）此位只在大闸故障时运行。该位操纵时制动机性能不齐全，只具备缓解、中立和制动等基本功能，没有紧急制动、过充、单机制动及不补风等功能，因此不能长期使用。

（2）一旦回段或换端操纵，均需将原操纵端的电-空转手柄扳回至"电空"位。

（3）电空制动控制器应放运转位，而不能任意置放其他位置（空气位时，转换柱塞虽已将"大闸"的电源切断，但由于其他电路的影响，在个别位置上仍能发生作用。为避免操纵上的失误，需明确置放该位置）。

（4）转空气位操纵的手续简化成上述两个动作，是一般故障时的转换。但不包括如压力开关膜板破损、制动电控阀257及其联线等故障，出现这些故障时，还必须将电空制动屏上的转换阀153转置空气位。因此，齐全的转换手续应确认：

① 扳动空气制动阀上的转换手柄至"空气位"。
② 调整供空气制动阀的调压阀整定值为列车管定压。
③ 电空制动屏上的转换阀153转至"空气位"。

四、项目实施

1. 劳动组织形式

每5~6名学生组成一个工作小组,各小组制订出实施方案及工作计划,组长协助教师参与指导本组学生学习,检查项目实施进程和质量,制订改进措施,共同完成项目任务。

2. 工具材料准备

(1)作业工具:制服、电空制动控制器钥匙、手电筒
(2)使用设备:DK-1型制动机试验台。

3. 作业要求

(1)正确着装,穿戴好劳动防护用品。
(2)按照试验步骤完成试验,并注意观察各部件动作值是否符合试验要求。
(3)注意自身安全及他人安全,严禁违章作业。
(4)做好故障记录。

4. 项目评价

按时间、质量、安全、文明、环保要求进行考核。学生按照表1-8-1进行项目考核评分,先自评,在自评的基础上,由本组的同学互评,最后由教师进行总结评分。

表1-8-1 项目考核评价表

序号	项目要求	考核标准	考核结果
1	时间要求	不超过规定时间	(1)有一项不符合要求为不合格; (2)合格成绩为60分
2	质量要求	试验质量符合标准	
3	安全要求	符合安全操作规程	
4	文明要求	做到文明生产	
5	环保要求	试验过程符合环保要求	
6	项目拓展		20分
7	项目作业		20分
8	成 绩		

注:如出现重大安全、文明、环保事故,则本项目(单元)考核记为不合格。

项目二
DK-1 型机车电空制动机日常试验（五步闸）

五步闸试验是机车乘务员在日常运用的交接班过程中，或者列车长时间停靠车站后需要进行的试验。它是将八步闸试验进行简化后得到的，即在原第一步闸不变的基础上，原第二步和第四步简化合并为第二步闸，原第三步闸不变，原第五步简化为新的第四步闸，取消原来的第六步和第七步闸，原来的第八闸作为新的第五步闸。

因为"五步闸"是经"八步闸"简化后所形成的，它们之间的操作规程、试验要求以及工作原理都是相同的，所以本项目不再过多赘述，仅列出五步闸的试验程序及要求（见表2-0-1）。

一、试验前准备

（1）检查电空制动控制器（简称大闸）、空气制动阀（简称小闸）手把处于运转位；总风压力为 900 kPa；列车管压力为 500 kPa，制动缸压力为 0。

（2）153 转换阀处于正常位；电空转换手柄处于电空位；53 号或 54 号调压阀压力为 300 kPa。

二、试验步骤及要求

第一步（电空位紧急试验）

（1）将大闸、小闸手把均置于运转位（以定压 500 kPa 为例）。

试验要求：

① 列车管压力：500 kPa。

② 均衡风缸压力：500 kPa。

③ 总风缸均压力：750～900 kPa。

④ 制动缸压力为 0。

（2）将大闸手把由运转位移至紧急位，小闸位置不变

试验要求：

① 列车管压力在 3 s 内降至 0。

② 机车制动缸压力在 5 s 内升至 400 kPa，最高压力为 450 kPa。

③ 自动撒砂。

④ 有级位时切除主断路器。

表 2-0-1　DK-1 型电空制动机"五步闸"检查方法

序号	电空制动控制器						空气制动阀				检查要求 （制动管定压 500 kPa）
	过充位	运转位	中立位	制动位	重联位	紧急位	缓解位	运转位	中立位	制动位	
第一步		1――――2 5―――		―5				3 ―4			1. 制动管、均衡风缸、总风缸均为规定压力；制动缸压力为 0 2. 制动管压力 3 s 内降为 0；制动缸压力 5 s 内升至 400 kPa，最高压力达到 450 kPa；自动撒沙；有级位时切除主断 3. 同时下压手柄，制动缸压力应能缓解到 0 4. 制动缸压力不得回升 5. 制动管充至 480 kPa 的时间在 9 s 内
第二步			6 7								6. 均衡风缸常用最大有效减压量的时间为 5～7 s，制动缸压力升至 340～380 kPa 的时间为 6～8 s 7. 均衡风缸、制动管的漏泄量分别不大于 5 kPa/min、10 kPa/min
第三步	8 ―9										8. 均衡风缸压力为定压，制动管压力为过充压力（定压 30～40 kPa），制动缸压力不变 9. 120～180 s 过充压力消除，制动管恢复定压，制动缸压力应缓解为 0
第四步								10 11 12			10. 制动缸压力由 0 升至 280 kPa 的时间在 4 s 内，最终达到 300 kPa 11. 制动缸压力不变 12. 制动缸压力由 300 kPa 降至 40 kPa 的时间不大于 5 s
第五步	空气位操作程序： 1. 将电空转换扳钮扳至"空气位"； 2. 将调压阀 53 调至定压； 3. 空气位试验完毕后将电空转换扳钮复位至"电空位"							13　　14 　15 　16			13. 同时下压手柄，制动管、均衡风缸皆为定压，制动缸压力为 0 14. 均衡风缸减压 140 kPa 的时间为 5～7 s 15. 均衡风缸、制动管、制动缸的漏泄量分别不超过 5 kPa/min、10 kPa/min、10 kPa/min 16. 均衡风缸、制动管恢复定压

（3）将小闸手把由运转位移至缓解位，同时下压手把。

试验要求：制动缸压力应缓解到 0。

（4）将小闸手把由缓解位移至运转位。

试验要求：制动缸压力不得回升。

（5）将大闸手把由紧急位移至运转位。

试验要求：

① 列车管压力由 0 升至 480 kPa 的时间 ≤ 9 s。

② 均衡风缸在 10 s 内升至 500 kPa。

③ 手把停留时间在 50 s 以上。

第二步（电空位常用制动试验）

小提示：开始此步试验前，大闸手把需摆放运转位 60 ~ 80 s。

（1）将大闸手把由运转位移至制动位，小闸运转位。

试验要求：

① 均衡风缸减压 140 kPa 的时间为 5 ~ 7 s。

② 制动缸压力升至 340 ~ 380 kPa 的时间为 6 ~ 8 s。

（2）大闸手把由制动位移至中立位，小闸位置不变。

试验要求：均衡风缸、列车管的泄漏量分别不大于每分钟 5 kPa、10 kPa。

第三步（电空位过充试验）

（1）将大闸手把由中立位移至过充位，小闸位置不变。

试验要求：

① 均衡风缸为定压。

② 列车管超过定压 30 ~ 40 kPa。

③ 制动缸压力不变。

（2）将大闸手把由过充位移至运转位，小闸位置不变。

试验要求：

① 过充压力在 120 ~ 180 s 内消除，列车管恢复定压。

② 制动缸压力应缓解到 0。

第四步（电空位单独制动试验）

（1）将小闸手把由运转位移至制动位，大闸运转位不变。

试验要求：制动缸压力从 0 升至 280 kPa 的时间 ≤ 4 s，最高为 300 kPa。

（2）将小闸手把由制动位移至中立位，大闸位置不变。

试验要求：制动缸压力保持不变（每分钟泄漏量不超过 20 kPa）。

（3）将小闸手把由中立位移至运转位，大闸位置不变。

试验要求：制动缸压力由 300 kPa 下降至 40 kPa 时间 ≤ 5 s。

第五步（空气位常用制动试验）

（1）空气位试验前准备。
① 将小闸上电空转换手柄扳至空气位。
② 将 53 或 54 调压阀压力调整至 500 kPa。
③ 将 153 转换阀转换至空气位。
（2）将小闸手把移至缓解位。
试验要求：
① 列车管压力：500 kPa。
② 均衡风缸压力：500 kPa。
③ 总风缸均压力：900 kPa。
④ 制动缸压力为 0。
（3）将小闸手把由缓解位移至制动位。
试验要求：
① 均衡风缸减压 140 kPa 时间为 5~7 s。
② 制动缸压力上升至 340~380 kPa 时间为 6~8 s。
（4）将小闸手把由制动位移至中立位。
试验要求：
① 列车管的泄漏量分别不大于每分钟 10 kPa。
② 均衡风缸的泄漏量不大于每分钟 5 kPa。
③ 制动缸的泄漏量不大于每分钟 10 kPa。
（5）将小闸手把由中立位移至缓解位。
试验要求：
① 均衡风缸压力恢复至规定压力 500 kPa。
② 列车管压力恢复至规定压力 500 kPa。
③ 制动缸压力至 0。
（6）试验完毕后应恢复至电空位，恢复步骤如下：
① 将小闸电空转换手柄扳回电空位。
② 将 53 或 54 调压阀调整至 300 kPa。
③ 将 153 转换阀转换至正常位。
④ 将小闸手把移至运转位。
（7）空气位操作的注意事项：
① 空气位操作可对全列车进行制动与缓解，单独缓解机车则要通过下压手把实现。
② 电空制动控制器（大闸）应置于运转位。
③ 需紧急制动时，可以开放手动放风塞门 121 或 122。
④ 此时因列车管有补风作用，在中立位停留一段时间后，要监视速度变化，避免因车辆的陆续自然缓解而丧失制动时机。

项目三
DK-1 型机车电空制动机常见故障处理

本项目主要对 DK-1 型机车电空制动机操作运用中常见典型故障进行故障原因分析及处理方法的介绍。

一、电空制动控制器（简称大闸）手把置于运转位，空气制动阀（简称小闸）手把运转位，均衡风缸不增压

1. 故障原因

（1）电路原因。

① 电空制动控制器（大闸）电源自动脱扣开关（615QA）在断开位。

② 电空转换开关在空气位。

③ 缓解电空阀（258YV）线圈烧损、线圈接线接点不良或 451KA、452KA、455KA 常闭虚接。

（2）气路原因。

① 55 调压阀总风管 157 塞门在关闭位或管堵。

② 55 调压阀调整值为零或 109 逆止回阀作用不良。

③ 153 转换阀在空气位或管堵塞。

2. 判　断

（1）大闸各位置相应电空阀均无得电，故障为电路原因第①、② 项。

（2）大闸在运转位、过充位时，电空阀（258YV）未吸合，故障为电路原因第③ 项。

（3）大闸前两位 258YV 吸合正常，故障为气路原因①、②、③ 项。

3. 处　理

（1）确认电源自动脱扣开关（615QA）、电空转换开关是否在正常位。

（2）258YV 本身故障，转换空气制动操纵。注意：遇危及人身及行车安全时，应使用紧急放风阀实施紧急制动。

（3）检查 55 调压阀总风管 157 是否在打开位。

（4）如 109 逆止阀作用不良，用检点锤轻敲振动即可。

（5）确认 153 转换阀是否在电空位。

二、大闸置于运转位，小闸运转位，均衡风缸充风正常，列车管不充风

1. 故障原因

（1）电路原因。

① 253 中立电空阀犯卡。

② 263 V、264 V 二极管同时击穿。

（2）气路原因。

① 遮断阀、供气阀固定在关闭位。

② 中继阀总风管 114 塞门关闭或中继阀总风管 100 空气滤清器不清洁。

③ 中继阀总风管 115 塞门关闭。

2. 判　断

（1）大闸在前两位确认 253YV 吸合时，将钮子开关 463，如 253 仍不释放，故障为电路原因第②项。

（2）断开电源自动开关，而电空阀 253 仍不释放，故障为电路原因第①项。

（3）大闸制动位减压时，均衡风缸下降正常，中继阀排风口无排风声，故障为气路原因第①、②项。

（4）如中继阀排风口有少量排风，故障为气路原因第③项。

3. 处　理

（1）先用检点锤轻敲 253 阀体振动，可消除犯卡。

（2）如仍无效将 253 线圈正负接线任意一根卸下并包扎好即可。

（3）如还是无效，可关闭总风管 157 塞门，卸下中立电空阀 253 风管接头排除余风，然后用适当的铁皮或胶皮装在螺母内，再拧紧螺母，打开总风管 157 塞门即可或转空气位维持运行。

（4）检查中继阀总风管 114 塞门、列车管 115 塞门是否在打开位。

（5）拆下中继阀总风管 100 空气滤清器取出滤芯即可。

（6）如遮断阀供气阀固着，可用检点锤轻敲阀体振动即可。

（7）如仍无效，可将遮断阀供气阀盖卸下，取出供气阀，再将盖装好，维持运行回段报活。

三、大闸置于运转位，小闸运转位，均衡风缸充风慢

1. 故障原因

（1）电路原因。

① 重联电空阀 259 犯卡。

② 483SB（484SB）消除按钮犯卡。

（2）气路原因。

① 55 调压阀总风管 157 塞门未在全开位（半关）。

② 均衡风缸管半堵。
③ 中继阀主膜板破裂。

2. 判　断

（1）大闸在运转位，断开制动控制电源自动开关时，重联电空阀 259 线圈失电，故障为电路原因第② 项。

（2）大闸置于制动位，均衡风缸下降缓慢，中继阀排风口无风排出，但列车管空气压力也缓慢下降，故障为电路原因第① 项或气路原因第② 或 ③ 项。

（3）大闸置于运转位，均衡缸充风慢，在制动位时，均衡风缸、列车管减压正常故障为气路原因第① 项。

3. 处　理

（1）应检查消除按钮是否在断开位，如仍无效，可转空气制动操纵维持运行。

（2）如重联电空阀阀杆固着，用检点锤轻敲重联电空阀体即可。

（3）中继阀主膜板破裂或均衡风缸管半堵时，可不做处理。但制动机操纵要注意列车制动和缓解均慢，需要调速或停车时，应提早制动降速，缓解时应保证有足够的充风时间，谨慎维持运行。遇紧急情况时，将大闸移到中立位，手扳紧急放风阀停车，返段报活。

（4）查看 55 调压阀总风管 157 塞门是否在全开位。

四、大闸运转位，小闸运转位，均衡风缸充风正常，列车管充风缓慢

1. 故障原因

① 中继阀总风管 114 塞门半关或总风管 100 空气滤清器不清洁。
② 中继阀列车管 115 塞门半关。

2. 判　断

（1）大闸减压制动时，列车管压力下降正常，故障原因为第① 项。

（2）列车管充、排风均慢，故障原因为第② 项。

3. 处　理

（1）确认中继阀总风管 114 塞门应在全开位。

（2）如仍无效，卸下中继阀总风管 100 空气滤清器清洗即可。

（3）检查中继阀列车管 115 塞门应在全开位。

五、大闸制动位，小闸运转位，均风缸减正常，列车管压力下降缓慢

1. 故障原因

① 中继阀排风口半堵。
② 中继阀列车管 115 塞门半关。

DK-1 型电空控制动机检修试验

2. 判　断

（1）列车管充风正常，故障原因为第①项。
（2）列车管充、排风均慢，故障原因为第②项。

3. 处　理

（1）清扫中继阀排风口。
（2）检查中继阀列车管 115，将其打到全开位。

六、大闸手把由制动位放中立位，小闸运转位，均衡风缸不保压

1. 故障原因

（1）电路原因。
① 262 二极管断路。
② 制动电空阀 257 故障。
③ 208 压力开关触指接触不良或接线断。
④ 中间继电器 455 常闭虚接。
（2）气路原因。
① 初制动风缸或其管路系统泄漏。
② 电空阀 255、缓解电空阀 258、重联电空阀 259、压力开关 209 和 208 泄漏。

2. 判　断

（1）将大闸放制动位均衡风缸下降 200 kPa 后自动保压，中立位制动电空阀 257YV 得电，故障为电路原因第①、②项。
（2）如制动电空阀 257 不得电，故障为电路原因第③项。
（3）中立位制动电空阀 257 得电，故障为气路原因第①、②项。

3. 处　理

（1）短接 262 二极管维持运行。
（2）将 455KA 调整好即可。
（3）制动电空阀 257 本身故障或压力开关 208 接触不良，转空气位维持运行。
（4）若故障仍消除不了，则关闭总风管 157 塞门、153 转换阀置于空气位，电空转换开关置于空气位维持运行。

七、大闸手把由制动位放中立位，小闸运转位，均衡风缸保压，列车管压力下降

1. 故障原因

① 中继阀排风口关不严。

②列车管系及折角塞门泄漏。
③工作风缸泄漏。

2. 判　断

（1）大闸中立位中继阀排风口有风排出，故障原因为第①项。
（2）中继阀排风口无风泄漏，故障原因为第②项。
（3）大闸中立位，列车管不保压，而机车制动缸也不保压，故障为第③项。

3. 处　理

（1）用检点锤轻敲中继阀阀体或用大闸施行最大减压量来恢复排风阀关闭。
（2）列车管系轻微泄漏可维持运行。
（3）如泄漏严重时，应检查泄漏处所进行处理。

八、大闸手把由制动位放中立位，小闸运转位，均衡风缸压力又恢复定压，列车缓解

1. 故障原因

① 压力开关 209 触指烧结或犯卡。
② 压力开关 209 膜板小破。
③ 缓解电空阀 258 下阀口不密贴。

2. 判　断

（1）大闸运转位缓解电空阀 258 得电，故障原因为第①、②项。
（2）若均衡风缸减压缓慢、大闸由制动位回中立位，均衡风缸压力缓慢上升，故障原因为第③项。

3. 处　理

（1）卸下压力开关 209 触指中 807 或 827 接线任意一根并包好，可继续操纵。
（2）处理无效，转空气位维持运行。

九、大闸制动位，机车制动缓慢

1. 故障原因

① 制动缸表管半堵。
② 分配阀总风管 123 塞门半关或管半堵。
③ 机车制动缸管 119、120 塞门半关或管半堵。

2. 判　断

（1）换端操纵制动正常，故障原因为第①项。

（2）如完成（1）后故障仍存在，故障原因为第②、③项。

3. 处　理

（1）表管半堵可不作处理，回段报活。
（2）检查分配阀总风管 123 塞门、制动缸管 119、120 塞门应在全开位。
（3）如管系半堵，机车制动时要做到提早制动，维持运行回段报活。

十、小闸运转位，大闸手把由制动位回中立位，制动缸不保压

1. 故障原因

① 排风 1 电空阀与 254 阀口间密贴不严。
② 作用管系泄漏或分配阀 156 塞门未关严。
③ 机车制动缸管系或单元制动缸端盖泄漏。
④ 分配阀均衡部端盖泄漏。
⑤ 平均管塞门未关严或管系泄漏。

2. 判　断

（1）大闸中立位，手触排风 1 电空阀 254 排风口有风排出，故障为原因第①项。
（2）排风 1 电空阀 254 作用良好，而大、小闸中立位均不能使机车保压，故障为原因第②、③、④、⑤项。

3. 处　理

（1）轻微泄漏可不处理，根据需要用小闸增加机车制动力。
（2）如排风 1 电空阀 254 排风口泄漏严重，可将排风口堵死，机车缓解时，可将小闸置缓解位或下压小闸手把。
（3）关闭分配阀 156 塞门。
（4）关严平均管塞门。
（5）检查泄漏处所进行处理。

十一、大闸手把由运转位放制动位，小闸运转位，均衡风缸不减压

1. 故障原因

（1）缓解电空阀 258 犯卡或出风口堵。
（2）缓解电空阀 258 与制动电空阀 257 间联络管堵。
（3）制动电空阀 257 犯卡或排风口堵。

2. 判　断

（1）大闸制动位，制动电空阀 257 无排风声，故障为原因第①项。
（2）缓解电空阀 258 释放正常，故障原因为第②项。

（3）大闸制动位，手按制动电空阀 257 芯杆，按不动或按得动无风排出，故障为第③项。

3. 处　理

（1）用检点锤轻敲缓解电空阀 258、制动电空阀 257 阀体振动即可。
（2）如步骤（1）无效，则拆卸联络管接头螺母或将制动电空阀 257 排风口清扫。
（3）仍无效，转空气位操纵维持运行，回段报活。

十二、大闸手减压制动后，由中立位移到运转位，小闸运转位，机车制动正常，缓解缓慢

1. 故障原因

① 排风 1 电空阀 254 芯杆未吸合到位（阀与阀口开度过小）。
② 排风 1 电空阀 254 排风口半堵。

2. 判　断

（1）大闸缓解时手按排风 1 电空阀 254 芯杆缓解正常，故障为原因第①项。
（2）如排风 1 电空阀 254 芯杆压不动，故障为原因第②项。

3. 处　理

（1）如排风 1 电空阀 254 吸合不良，可压小闸手把进行缓解机车制。
（2）清扫排风 1 电空阀 254 排风口。
（3）拆卸排风 1 电空阀 254 作用管接头，用小闸施行制动冲出管内异物，再拧紧管接头螺母即可。

十三、大闸手把由运转位放制动位，均衡风缸减压正常，列车管不减压

1. 故障原因

① 中继阀排风口堵塞。
② 中继阀活塞与顶杆脱落。

2. 判　断

充风正常可排除第①项，可能为第②项。

3. 处　理

（1）大闸减压后，用检点锤轻敲中继阀阀体或清扫排风口。
（2）卸下中继阀端盖，取出供气阀再装好盖，堵住中继阀排风口，调整总风缸压力为 500 kPa 或 600 kPa。施行制动时，断开风泵控制开关，用手扳紧急放风阀使列车减压制动。需要缓解时，合风泵控制开关充风，维持运行。

十四、大闸手把置制动位，小闸运转位，均衡风缸减压 190～230 kPa 仍继续减压

1. 故障原因

① 压力开关 208 触点及接线虚接或本身故障。
② 初制动风缸及其管路系统泄漏。
③ 均衡风缸及其管路系统泄漏。
④ 制动电空阀 257 线圈接线断或故障。

2. 判　断

（1）大闸制动位移至中立位，均衡风缸保压正常，故障为原因第①项。
（2）如不能保压，制动电空阀 257 排风口有风排出，故障为原因第④项。
（3）将 153 转换阀置于空气位，机车操纵正常，故障为原因第②项，反之为第④项。

3. 处　理

（1）如为压力开关 208 故障可不处理，正确操纵电空控制器（大闸），达到需要的减压量后，及时将大闸移至中立位保压，再根据需要追加减压量。
（2）第②、④项处理不好时，转空气位维持运行（153 转换阀必须置空气位）。
（3）第③项如泄漏不严重可维持运行。

十五、大闸手把置于制动位，小闸运转位，制动机起紧急制动

1. 故障原因

① 紧急阀的缩孔Ⅰ或Ⅱ半堵。
② 初制动风缸大漏。
③ 均衡风缸管接口堵塞。
④ 列车管充风不足或车辆制动机故障。

2. 判　断

（1）关 116 塞门再将大闸置于制动位，减压正常故障为原因第①项。
（2）如仍无效，故障原因为第②、③、④项。

3. 处　理

（1）关 116 塞门后维持运行。
（2）检查初制风缸及管系，将有泄漏处所紧固。
（3）拆下均风缸管接头进行清扫。
（4）待列车管充满后，在施行大闸减压。
（5）如列车中某一车辆制动机故障时，尽量维持到进站停车检查处理。

十六、大闸手把置于紧急位，小闸运转位，制动机不起紧急制动

1. 故障原因

① 804 线或大闸紧急位接点不良。
② 紧急电空阀 392 线圈烧损或断路。
③ 电动放风阀 94 故障。
④ 117 或 158 塞门关闭。

2. 判　断

（1）按压紧急按钮能起紧急制动，故障为第①项。
（2）紧急电空阀 94 能得电，故障为第③、④项。
（3）电动放风阀 94 不得电，故障为第②项。

3. 处　理

（1）可不做处理，遇危及人身及行车安全时按压紧急按钮停车。
（2）如紧急电空阀 392 或电动放风阀 94 故障，也不做处理，遇紧急情况时，应将大闸置于中立或制动位，使用手动放风阀停车。
（3）检查 117 或 158 塞门应在开放位。

十七、大闸制动后由中立位移到运转位，小闸运转位，机车制动正常，不缓解

1. 故障原因

① 排风 1 电空阀 254 线圈未得电或接线断。
② 排风 1 电空阀 254 排风口堵塞。
③ 排风 1 电空阀 254 作用管堵塞。
④ 分配阀均衡部排风口堵塞。

2. 判　断

（1）手按排风 1 电空阀 254 芯杆有风排出，故障原因为第①项。
（2）排风 1 电空阀 254 吸合正常，无排风声故障原因为第②、③项。
（3）排风 1 电空阀 254 吸合正常，有排风声故障原因为第④项。

3. 处　理

（1）如查出排风 1 电空阀 254 接线断，则紧固即可。可将分配阀 156 塞门打开，单机运行必须关闭 156 塞门，机车缓解时，可下压小闸手把或置于缓解位。
（2）排风 1 电空阀 254 吸合良好，应清扫排风口。如仍无效，卸下作用管接头螺母，用小闸制动冲扫管内脏物。

（3）如排风正常，用检点锤轻敲分配阀均衡部排风口处，仍无效，则应拆卸均衡部端盖进行清扫处理。

十八、大闸手把置于紧急位，均衡风缸、列车管排风正常，制动缸压力上升至 450 kPa 的时间大于 5 s

1. 故障原因

① 分配阀总风通紧急增压阀缩孔Ⅲ偏小或不畅通。
② 紧急增压阀反力弹簧弹力偏大或紧急增压阀作用不灵活。

2. 判　　断

如作用管及制动缸管系无大漏为第①、②项。

3. 处　　理

若途中出现此类故障，则维持运行，回段报活。

十九、大闸手把置于紧急位，小闸运转位，均衡风缸、列车管排风正常，制动缸压力不上升

1. 故障原因

① 分配阀主阀膜板大破。
② 工作风缸系统大漏。
③ 分配阀安全阀脱落或调整压力为 0。
④ 分配阀均衡部故障。
⑤ 123 分配阀总风塞门或制动缸塞门 119、120 关闭。

2. 判　　断

（1）小闸能使机车制动，故障原因为第①、②项。
（2）大、小闸均不能使机车制动，故障原因为第③、④、⑤项。

3. 处　　理

（1）分配阀膜板破损可不做处理，运行中制动时应及时用小闸增加机车制动力或使用电阻制动配合。
（2）将泄漏处所紧固。
（3）重新装好安全阀，调整好规定压力。
（4）确认 123、119、120 塞门应在开放位。

二十、大闸手把置于紧急位,均衡风缸、列车管排风正常,制动缸压力升不到定压或超过定压

1. 故障原因

① 安全阀调整压力过低或过高。
② 分配阀紧急增压阀固着。
③ 小闸置于缓解位。

2. 判　断

(1) 如制动缸压力超过(或达不到)450 kPa,故障为第①项。
(2) 分配阀安全阀喷一次气不再喷,故障为第②项。
(3) 有漏风声,故障原因为第③项。

3. 处　理

(1) 运行中可不处理,维持运行,到站停车后,调整分配阀、安全阀规定压力。
(2) 维持运行回段报活。
(3) 小闸移到运转位。

二十一、大闸手把置于紧急位,小闸缓解位,制动缸压力缓解不到零

1. 故障原因

① 分配阀总风通紧急增压阀缩孔Ⅲ偏大。
② 增压阀柱塞不灵活。

2. 判　断

将分配阀总风管123塞门关闭后,机车能缓解,故障为第①、②项。

3. 处　理

大闸移回运转位,机车缓解正常,可不作处理,维持运行回段报活。

二十二、大闸手把置于重联位,小闸动转位,机车重联时,操纵机车施行制动后移中立位,中继阀排风口排风不止

1. 故障原因

① 1AC(801、811间)或2AC(811、821间)接点不良。
② 重联电空阀259故障或接线断。

2. 判　断

手按重联电空阀259芯杆能按动,故障为第①、②项。

DK-1 型电空控制制动机检修试验

3. 处 理

单机车运行时，可不作处理，维持运行。如机车需重联时，关闭中继阀列车管 115 塞门，转空气位维持运行回段报活。

二十三、大闸手把由紧急位置运转位，列车管不充风

1. 故障原因

① 操纵不当造成紧急阀 95 未恢复。
② 中继阀、遮断阀、供气阀固着。
③ 缓解电空阀 258 线圈烧损、芯杆固着。
④ 中间继电器 451 犯卡或缓解电空阀 258 电路中 451、452、455 常闭联锁不良。
⑤ 紧急电空阀 392 或 94 放风阀故障。
⑥ 紧急阀 95 故障。

2. 判 断

（1）如紧急制动后大闸在紧急位或重联位的停留时间未到 15 s，故障为第①项。
（2）如均衡风缸也不充风，故障为第③、④项。
（3）断开钮子开关 464QS 后正常，故障为第⑥项。
（4）如电动放风阀处有大排风声，故障为第⑤项。

3. 处 理

（1）正确操纵制动机。
（2）可轻敲中继阀、遮断阀阀体，无效时，拆检遮断阀清扫。
（3）缓解电空阀 258 故障可不作处理，转空气位制动机操纵。
（4）紧急电空阀 392、电动放风阀 94 故障，可关 117、158 塞门维持运行。
（5）中间继电器 451KA、紧急阀 95 故障，应断开钮子开关 464QS 或关闭 116 塞门维持运行。

二十四、大闸手把由运转位置过充位，列车管无过充压力

1. 故障原因

（1）电路原因。
① 805 线接点不良。
② 过充电空阀 252 故障。
（2）气路原因。
① 过充风缸管堵塞。
② 过充柱塞固着。

2. 判　断

（1）大闸过充位，确认过充电空阀 252 未得电，故障为电路原因第①、②项。
（2）过充风缸排风口无排风声响，故障为气路原因第①项。
（3）过充风缸排风口有排风声响，故障为气路原因第②项。

3. 处　理

途中可不作处理，需调速、进站停车时，将速度适当降低，保证充风时间，维持运行回段报活。

二十五、大闸手把由运转位置过充位，列车管过充量追踪总风压力

1. 故障原因

中继阀过充柱塞 O 形圈破损。

2. 判　断

大闸过冲位，均衡风缸压力超过规定 500 kPa 或 600 kPa。

3. 处　理

途中停止使用过充位，如发生过量，应在适当时期机，消除过量供给，使列车管压力恢复至规定压力。

二十六、大闸手把由过充位置运转位，过充量不能消除

1. 故障原因

（1）电路原因

过充电空阀 252 犯卡。

（2）气路原因

① 过充风缸缩孔堵塞。
② 过充柱塞固死。

2. 判　断

（1）大闸运转位，手按过充电空阀 252 按不动，故障为电路原因。
（2）过充风缸排风口无排风声，故障为空气通路原因第①、②项。

3. 处　理

（1）用检点锤轻敲过充电空阀 252 阀体振动。
（2）大闸置于运转位，用扳手将过充电空阀 252 过冲管接头稍松几扣，缓慢排出过冲风缸内空气压力，待消除后停止使用权用过冲位，运行回段报活。

二十七、小闸制动位，大闸运转位，机车不起制动作用

1. 故障原因

① 53（54）调压阀无调整压力或总风管 127（128）塞门在关闭状态
② 小闸作用管堵塞。
③ 分配阀总风管 123 塞门关闭。
④ 机车制动缸管 119、120 塞门关闭。
⑤ 分配阀均衡部膜板破损或供气阀固着。

2. 判　断

（1）大闸制动正常，故障为第①、②项。
（2）大、小闸均不能使机车产生制动，故障为第③、④、⑤项。

3. 处　理

（1）检查 127（128）、分配阀总风管 123、制动缸管 119、120 塞门应在打开状态。
（2）小闸制动位，顺时针旋转 53（54）调压阀手轮，确认制动缸表针指示 300 kPa 即可。
（3）如为均衡部膜板大破损，可将排风口堵死，施行大闸制动不能满足机车制动力，必须用小闸增压。由于小闸接直向制动缸送风比较缓慢，机车需要制动时，应提前采取制动，维持运行回段报活。

二十八、大闸手把运转位按压充气按钮后，再按消除按钮不起消除作用

1. 故障原因

① 充气按钮（481SB、482SB）接点烧结或犯卡。
② 重联电空阀 255 犯卡。

2. 判　断

（1）立即断电空制动电源开关，均衡风缸不再增压，故障为第①项。
（2）如均衡风缸仍增压，故障为第②项。

3. 处　理

（1）将重联电空阀 255 正、负接线任意拆下一根并包好，再消除过量压力后，可正常操纵。
（2）如无效，将 153 转换阀、分配阀 156 塞门打开，转空气制动操纵维持运行。

附 录

附表1 DK-1型电空制动机"八步闸"试验操作步骤及方法

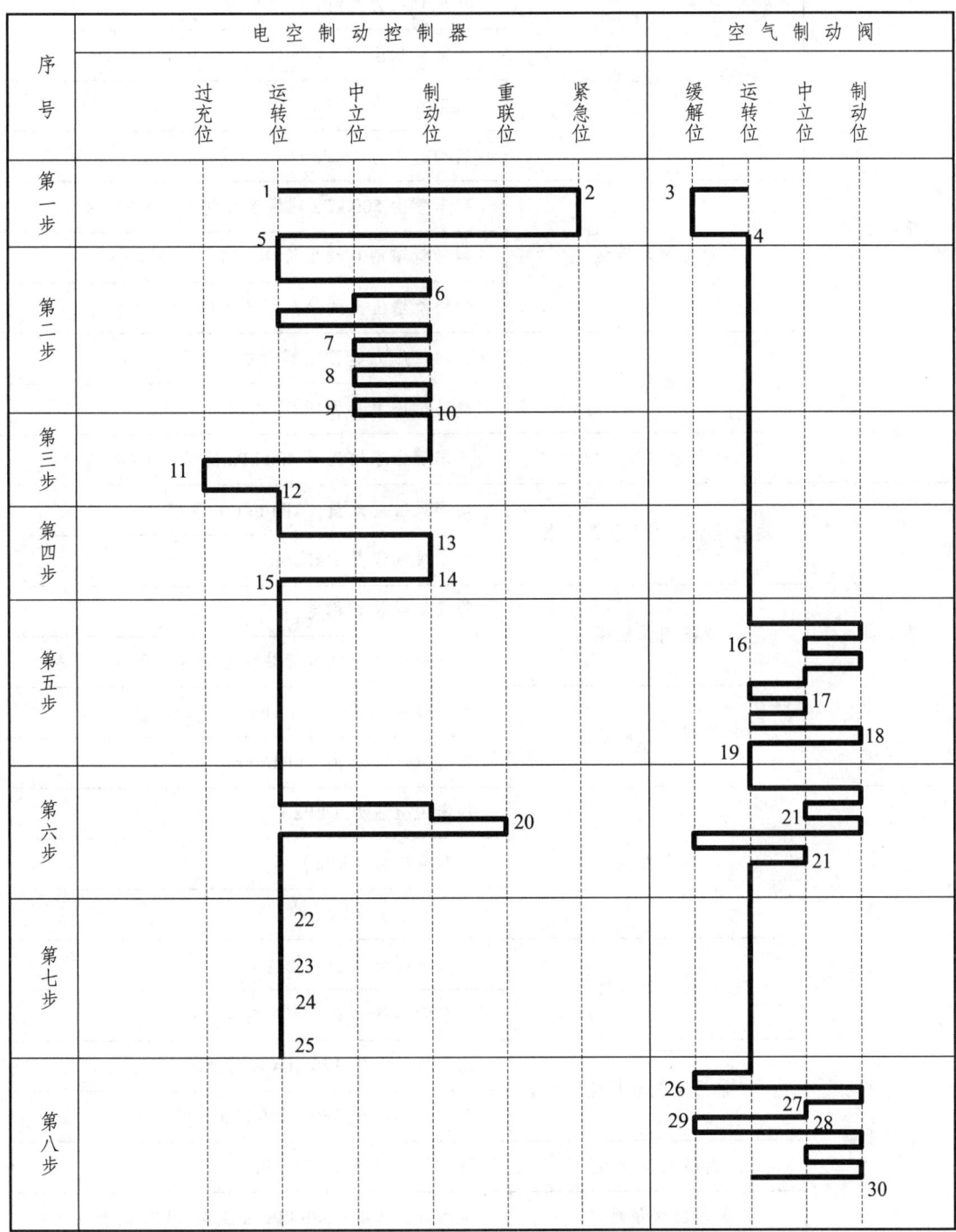

附表2 "八步闸"试验步骤及观察项目

步骤	性能检查	观察项目
第一步闸	初始状态"四表针"压力	总风缸压力（kPa）
		均衡风缸压力（kPa）
		列车管压力（kPa）
		制动缸压力（kPa）
	紧急制动性能	列车管由500 kPa减压至0的排风时间（s）
		制动缸增由0增压至400 kPa的时间（s）
		制动缸增压至的最高压力（kPa）
	单独缓解性能	制动缸压力能否缓解为0
		制动缸压力是否回升
	列车管充风性能	列车管由零增压至480 kPa的时间（s）
第二步闸	均衡风缸、列车管漏泄量	均衡风缸漏泄量（kPa/min）
		列车管漏泄量（kPa/min）
	阶段制动性能	阶段制动是否稳定
		制动缸压力与列车管减压量是否符合对应关系
	过量减压制动性能	列车管累计减压量（kPa）
		制动缸压力变化（kPa/min）
第三步闸	过充性能	均衡风缸压力（kPa）
		列车管压力（kPa）
		制动缸压力（kPa）
	过充压力消除性能	制动缸压力是否缓解为0
		列车管消除过充压力的时间（s）
第四步闸	常用全制动性能	均衡风缸减压140 kPa的时间（s）
		制动缸增压至340~380 kPa的时间（s）
	制动缸密封性	制动缸漏泄量（kPa/min）
	制动缸缓解性能	制动缸由340~380 kPa降压至4 kPa的时间（s）

续表

步骤	性能检查	观察项目
第五步闸	单独阶段制动、缓解性能	阶段制动是否稳定
		阶段缓解是否稳定
	单独全制动、缓解性能	制动缸由零增压至 28 kPa 的时间（s）
		制动缸由 300 kPa 降压至 40 kPa 的时间（s）
第六步闸	自锁性能	中继阀能否自锁
	自锁状态下单独阶段制动、缓解性能	阶段制动是否稳定
		阶段缓解是否稳定
第七步闸	检查按钮作用	检查按钮作用是否正常
	电-空联锁性能	电制动与空气制动的协调配合是否正常
	断钩保护性能检查	机车制动机能否产生紧急制动作用
	失电制动性能	机车制动机能否产生常用制动作用
第八步闸	缓解性能	机车、车辆能否完全缓解
	常用全制动性能	均衡风缸减压 140 kPa 的时间（s）
		制动缸增压至 340～380 kPa 的时间（s）
	单独缓解性能	制动缸能否缓解并保压
	阶段制动性能	阶段制动是否稳定

参考文献

[1] 刘豫湘，陆缙华，潘传熙. DK-1 型电空制动机与电力机车管路系统[M]. 北京：中国铁道出版社，1998.
[2] 铁道部科学研究院车辆所. 国外高速列车译文集——制动技术专集[Z]. 北京：铁道部科学研究院机辆所，1996.
[3] 饶忠. 列车制动[M]. 北京：中国铁道出版社，2006.
[4] 姜靖国. JZ-7 型空气和电空制动机[M]. 北京：中国铁道出版社，2000.